ANIMAUX TOTEMS

ANIMAUX TOTEMS

GUIDE INTROSPECTIF POUR VOUS CONNECTER À LA SAGESSE ANIMALE

VANESSA CHAKOUR
Illustrations de Thiago Bianchini

Grancher

ISBN : 978-2-73391-523-3

355, rue de la Montagne Noire
31750 Escalquens
grancher@piktos.fr
www.grancher.com

Traduit de l'anglais par Violaine Clément
Adaptation de couverture : Aurélie Pello
Suivi éditorial : Mathilde Rivalin

Titre original :
Animal Wisdom
A Guided Journal for connecting with Nature

Illustrations inspirées d'images Shutterstock.com :
p. 28, p. 55 : Katja Gerasimova/Shutterstock.com ;
p. 111 : Ecaterina Sciuchina/Shutterstock.com ;
p. 123 : intueri/Shutterstock.com ;
p. 143 : Tamiris6/Shutterstock.com

Imprimé en Chine

FSC www.fsc.org
MIXTE
Papier issu de sources responsables
FSC® C016973

SOMMAIRE

INTRODUCTION

Je me bats depuis dix ans pour les loups, qui sont parmi les plus incompris et les plus persécutés de nos alliés du règne animal. Je n'ai pas su tout de suite pourquoi les loups m'attiraient autant, mais en découvrant leur sensibilité pour l'écologie, j'ai compris que leur objectif était semblable au mien. Les animaux sont doués d'un instinct fiable, et sont parfaitement conscients de ce qu'ils sont : ils peuvent nous apprendre beaucoup. Nous pouvons comme le requin être affamés, comme le papillon connaître de profondes métamorphoses, comme l'araignée filer nos destins en attendant patiemment qu'ils s'accomplissent. D'autres fois, nous pouvons comme le bourbon éprouver le besoin de savourer la douceur de vivre ou, comme la loutre de mer, celui de tendre la main pour un peu d'affection ou d'interaction. Dans ce livre, nous passerons en revue trente-six animaux incroyables avec lesquels nous partageons la planète et, en le faisant, nous apprendrons à mieux nous connaître nous-mêmes.

Les cultures indigènes savent et ont toujours su que nous ne sommes qu'un élément d'une famille riche dans sa biodiversité, regroupant plantes, animaux et champignons – cette famille est indissociable de la nature. Par le passé, les Celtes, les Amérindiens, les Égyptiens, les chamans en Sibérie et d'autres dans le monde prenaient les animaux pour guides ; ils en attendaient une compréhension symbolique d'eux-mêmes et du monde naturel. Aujourd'hui coupés des territoires qui portaient leur histoire, les peuples indigènes se sont coupés aussi des cultures centrées sur la terre, et ils s'éloignent de la sagesse liée à la terre propre à ces cultures. Beaucoup ont oublié à quel point nous sommes dépendants de notre famille

à plumes, à fourrure ou à griffes, et combien nous pouvons apprendre d'elle. Cet ouvrage vous encourage à ne pas oublier, à vous reconnecter et à avancer. La sagesse des animaux sauvages est intemporelle. Avec la crise écologique actuelle, ils ont désespérément besoin que nous écoutions et répondions à l'appel de la nature.
Le changement climatique, la déforestation et la pollution ont un impact incroyablement négatif sur la vie sauvage partout dans le monde, et de plus en plus d'animaux figurent sur la liste rouge des espèces menacées de l'Union internationale pour la conservation de la nature (UICN).
L'heure est venue pour chacun d'entre nous de faire tout ce qui est en notre pouvoir pour protéger le monde naturel.
Dans notre merveilleux monde sauvage, les animaux connaissent parfaitement leur rôle ; ils ont beaucoup à nous apprendre ou à nous rappeler du nôtre.
C'est un honneur de partager avec vous ce que je sais des créatures magnifiques de cet ouvrage. Puissent-elles vous guider et vous inspirer pour les années à venir.

Vanessa

À PROPOS DE CE LIVRE

Il n'y a pas de mauvaise manière d'utiliser ce livre, alors je vous invite à suivre votre instinct, à écouter votre imagination et à explorer. Vous vous identifierez peut-être profondément à certains animaux ; ils pourraient s'immiscer dans vos rêves, ou vous pourriez subitement les voir partout. Fiez-vous à ces indices et recherchez ces animaux ou leurs plus proches parents dans ce livre. Établir une relation avec un guide animal peut aiguiser votre instinct et vous aider à vous réaliser, intérieurement comme dans le monde extérieur.

Vous pouvez aussi parfois avoir envie d'être guidé davantage. Dans ce cas, je vous suggère de fermer les yeux, de formuler une question ou simplement de vous fier à votre intuition. Ouvrez le livre sur une page au hasard, de la main gauche si vous êtes droitier (et inversement), et suivez votre instinct : il vous conduira à la créature qui a un message pour vous. Avec chaque mammifère, chaque reptile, chaque poisson ou chaque insecte que vous découvrirez, vous trouverez plusieurs méthodes qui vous aideront à vous lancer. Adoptez celle qui vous fait vibrer et n'ayez pas peur de la modifier comme bon vous semble. Vous pouvez préférer encore choisir un animal à partir des mots-clés des pages 10 et 11, en cherchant ceux qui vous caractérisent et en vous reportant à l'animal correspondant.

Je vous encourage ensuite à aller dans le monde avec votre inspiration créatrice et votre relation à l'animal allié, et à partager leur magie. Les animaux étant incapables de parler comme nous le pouvons, ils ont besoin que nous communiquions pour eux. Nous éduquer les uns les autres et créer davantage de beauté peut rendre le monde plus harmonieux et meilleur.

Chaque chapitre vous propose une sélection d'animaux dont les portraits évoqueront un aspect de votre personnalité ; chaque portrait délivrera un message destiné à vous sensibiliser à votre sagesse innée.

Vous découvrirez comment entrer en relation avec un animal grâce à des activités, des mouvements, la méditation de pleine conscience et plus encore. Vous en apprendrez davantage au fur et à mesure de votre lecture.

Amusez-vous avec les consignes pour approfondir votre relation à vous-même et au monde naturel.

Mots-clés

Animal	*Caractéristiques*
Le loup	Sensibilité à l'écologie • Caractère sauvage • Famille
Le léopard des neiges	Force • Élégance • Nature insaisissable
L'ours noir	Mûrissement • Hibernation • Introspection
L'orang-outan	Paix • Présence • Solitude
Le rhinocéros	Tranquillité • Ténacité • Ancrage
L'araignée	Créativité • Réceptivité • Patience
L'écureuil roux	Énergie • Constitution athlétique • Anticipation
L'éléphant	Bonté • Sagesse ancestrale • Coopération
Le renard roux	Adaptabilité • Intelligence • Ingéniosité
Le serpent	Transcendance • Renaissance • Renouveau
Le cheval	Dévouement • Endurance • Grâce
Le koala	Sécurité • Affection • Spécificité
Le panda	Espace sacré • Équilibre • Harmonie
Le tigre	Puissance • Assurance • Dignité
Le grand requin blanc	Implacabilité • Faim • Détermination
Le phoque	Équilibre • Désir • Voix intérieure
La pieuvre	Mystère • Intuition • Ingéniosité
Le crabe	Rythme • Protection • Sensibilité

Si vous n'êtes pas sûr de l'animal vers lequel vous tourner, utilisez le tableau ci-dessous et laissez les mots qu'il propose résonner en vous : vous pourrez vous rapprocher de l'animal dont vous aurez ressenti la vibration. Sinon, fermez les yeux, prenez une profonde inspiration et laissez défiler votre doigt sur le tableau. Arrêtez-vous quand votre instinct vous le dira. Répétez l'exercice à l'envi si vous avez besoin d'être guidé à nouveau dans les jours, les semaines ou les mois à venir.

Animal	*Caractéristiques*
L'ornithorynque	Unique • Imprévisible • Énigmatique
L'iguane marin	Adaptabilité • Immobilité méditative • Profondeur
Le dauphin	Communication • Coopération • Compassion
L'hippocampe	Prise de conscience • Partenariat • Patience
La baleine à bosse	Conscience • Mystère • Chant de l'âme
La rainette	Chant • Nouveaux départs • Transformation
La loutre de mer	Affection • Coopération • Jeu
La tortue	Pleine conscience • Sagacité • Ralentissement
Le papillon	Transformation • Confiance • Lâcher-prise
La chouette (le hibou)	Navigation • Présence • Connaissance intérieure
L'aigle	Assurance • Intensité • Perspective
Le colibri	Joie • Rayonnement • Souvenir
La luciole	Étincelle intérieure • Magie • Émerveillement
Le bourdon	Douceur • Attirance • Dévouement
Le corbeau	Mystère • Assurance • Sagesse ésotérique
L'albatros	Endurance • Loyauté • Partenariat
La chauve-souris	Perception aiguë • Initiation • Renaissance
La libellule	Imagination • Vision • Transcendance

COMMENT VOUS CONNECTER À VOTRE ANIMAL ALLIÉ

Les exercices de cet ouvrage vous proposent, par différents moyens, de faire appel à votre imagination, d'approfondir votre lien à la nature, de vous investir dans la préservation de l'environnement et de travailler à votre bien-être.

Le mouvement, ou comment accueillir votre corps et réveiller votre moi instinctif

Le mouvement conscient peut vous faire gagner en vitalité en stimulant votre énergie, vos idées et vos capacités de discernement. Les exercices vous invitent à incarner votre moi animal en imitant la démarche gracieuse du renard ou la force majestueuse du tigre. Je vous encourage à regarder des vidéos pour voir la manière dont les animaux rampent, bourdonnent, ondulent, observent ou bondissent, et à les imiter (avec prudence et raison). Si un mouvement vous est impossible, fermez les yeux, concentrez-vous sur votre respiration et efforcez-vous de visualiser l'animal allié. Réalisez de légers mouvements qui vous inspirent.

La pleine conscience et la pratique de la méditation

La méditation permet de calmer certaines pensées récurrentes et de percevoir le pouls du moment présent. Vous trouverez dans ce livre divers exercices de méditation ou de méditation de pleine conscience et naviguerez, pour vous mettre dans la peau de votre animal allié, entre visualisations et courtes séances de méditation silencieuse. Vous pouvez explorer comme la tortue attentivement et à un rythme lent ou adopter la vue d'ensemble de l'aigle. Percevoir avec les yeux ou les oreilles de ces animaux peut vous aider à élargir votre horizon ou à considérer les défis de l'existence sous un angle nouveau.

La sensibilisation au statut de l'espèce

La perte de leur habitat est l'une des principales causes de l'extinction des espèces dans le monde. Chaque habitat perdu, c'est un refuge que nous avons détruit et d'innombrables espèces animales ou végétales qui disparaissent. Vous trouverez à la fin du livre une liste d'organisations internationales qui se battent pour défendre les animaux sauvages et les paysages desquels ils dépendent. Vous y référer vous aidera à apprendre, à vous impliquer et à favoriser le changement.

L'exploration intérieure, sensorielle et créatrice, ou comment l'écriture, la tenue d'un journal et le dessin peuvent vous aider à voir plus loin et vous révéler votre véritable identité

Ces exercices pratiques (tenir un journal, écrire un conte de fées ou dessiner) font appel à votre imagination et vous invitent à explorer la palette infinie de votre créativité. La tenue d'un journal ou le dessin spontané vous aideront à exprimer ce qui est enfoui en vous ; d'autres démarches vous inciteront à vous rapprocher de la nature par l'observation minutieuse du monde qui vous entoure. Il peut être pertinent d'écrire ou de dessiner avec la main la moins habile : nous servir du côté du corps que nous n'utilisons pas spontanément sollicite une partie d'ordinaire inexploitée de notre esprit. Vous pouvez modifier légèrement les exercices proposés ici pour favoriser votre créativité, et les répéter à l'envi pour en découvrir toujours davantage sur vous et les dons qui font de vous un être unique. Nul n'a jamais fini de se découvrir.

Les relations avec la nature, ou comment guérir et établir un lien à votre moi animal

Découvrir et nommer les plantes ou les animaux incroyables qui vous entourent permet d'approfondir la relation que vous entretenez avec votre environnement. Cette prise de conscience, au fur et à mesure qu'elle se développe, suscitera en vous l'émerveillement. Certaines pratiques demandent d'apprendre à reconnaître les arbres et les plantes locales, ou les fleurs préférées de pollinisateurs comme le bourdon. Ces connaissances vous aideront à découvrir comment embellir le monde et le rendre plus accueillant.

Les actions ou activités

Elles vous invitent à jouer un rôle actif pour guérir l'environnement. Du défi du zéro déchet à la plantation de fleurs pour les pollinisateurs, ces exercices vous invitent à vous soucier de la bonne santé du monde et à en faire un endroit plus beau pour tous.

Le travail sur le rêve, ou comment accéder à ce que peut masquer la perception consciente

Dans de nombreuses cultures et traditions, les visions des rêves sont utilisées pour accéder à plus de conscience. Gardez-le à l'esprit et partez explorer le royaume de vos rêves. Certains animaux alliés, la chouette par exemple, peuvent vous aider à naviguer dans l'obscurité ou parmi les ombres ; les créatures de la mer, la baleine à bosse ou l'iguane marin notamment, plongent dans le royaume aquatique de vos émotions et sondent les profondeurs de votre subconscient. Je vous encourage à tenir un journal de vos rêves et à mettre sur papier les émotions ou les images que vous pouvez avoir en tête au réveil.

Ces créatures rampent, bondissent, courent, ondulent et galopent à la surface de la Terre… Apprenez à écouter votre instinct en découvrant des animaux comme le renard, le cheval, le loup, l'ours, le serpent et l'araignée.

1 Les animaux de la Terre

LE LOUP

Sensibilité à l'écologie • Caractère sauvage • Famille

Si beaucoup ont découvert le loup avec le personnage féroce de contes comme *Le Petit Chaperon rouge*, cette image est loin de la véritable nature du loup. Les meutes sont des familles très unies ; chacune d'entre elles a sa propre histoire, son lot de particularités et ses traditions. Les peuples indigènes, dont le mode de vie s'organisait autour de la cueillette et de la chasse, étaient conscients de nos ressemblances tribales avec le loup : ils respectaient son statut de créature intelligente et spirituelle. Dans la plupart des tribus amérindiennes, le loup est associé au courage, à la force, à la loyauté et à la sagesse. Dans la mythologie shoshone, le loup tient le rôle du Dieu créateur, et chez les Anishinabe, un loup du nom de Ma'iingan est le frère de l'homme originel. Pour les Celtes, les loups étaient les compagnons des déesses de la Lune, notamment de Cerridwen, et en gaélique écossais, le loup se dit *mac tire* et signifie « fils de la terre » ou « fils de la campagne ».

Avec la domestication de l'animal, la relation des peuples au loup a changé. La peur et l'incompréhension l'ont emporté, le loup a été chassé jusqu'à frôler l'extinction. Fort heureusement, des écologistes, des chefs indigènes et des biologistes spécialistes de la vie sauvage ont su sensibiliser le public et réattribuer au loup sa véritable image de gardien de l'écosystème. Dans le parc national de Yellowstone, sa réintroduction en 1995, après soixante-dix ans d'absence, a transformé le territoire et contribué à accroître sa biodiversité. Introduits pour limiter l'accroissement problématique des populations d'élans, les loups ont eu un impact bien plus important qu'escompté. Ils ont modifié spectaculairement les rivières et les forêts du parc, et développé l'habitat d'autres animaux comme les aigles, les castors et les bisons, dont les populations ont pour certaines augmenté ou sont réapparues.

Le loup nous invite à construire de solides réseaux, à bâtir des liens pour le bien commun et à enseigner à ceux qui sont dans l'ignorance autant qu'à les guider.

« Si le loup entre dans votre vie, il est peut-être temps de vous interroger sur ce que signifie le respect de l'écosystème local. »

Comment se connecter aux loups

Statut de l'espèce

On recense deux espèces de loups dans le monde : le loup gris (*Canis lupus*) et le loup rouge (*Canis rufus*). Le loup rouge se classe parmi les espèces les plus menacées. Aux États-Unis, on n'en compte plus qu'une petite trentaine à l'état sauvage, parqués dans une réserve naturelle de l'est de la Caroline du Nord. Des organisations comme le Wolf Conservation Center (New York) contribuent à la préservation du loup rouge.

Relations avec la nature

Les loups sont soucieux de leur environnement. Quel sens donnez-vous à la notion de « responsabilité écologique » ? Comment pouvez-vous contribuer au maintien de la biodiversité de l'écosystème local ?

Activités

Hurlez à la lune !

Partagez la véritable histoire des loups avec votre entourage pour que votre famille et vos amis puissent reconsidérer leur histoire et, peut-être, se consacrer à leur protection.

Exploration intérieure

Vous vous sentez incompris ? Écrivez ce que vous ressentez et demandez-vous comment communiquer différemment avec les autres pour faire taire ce sentiment de décalage.

Écriture et exploration créatrice

Revisitez l'histoire du grand méchant loup : écrivez un conte dans lequel le héros est un loup.

Le léopard des neiges

Force • Élégance • Nature insaisissable

Les léopards des neiges sont de magnifiques et insaisissables félins originaires des chaînes de montagnes himalayennes de l'Asie centrale et du Sud. Connus sous le nom de « fantômes des montagnes », ces grands félins vivent sur les falaises froides et escarpées que leurs larges pattes recouvertes de fourrure, sortes de raquettes naturelles, les autorisent à habiter. Leur longue queue permet à leur corps de s'y lover comme dans une couverture. Leur épais manteau à motifs les aide à se cacher sur les flancs rocheux, et leurs taches sont aussi uniques que nos empreintes digitales. Le camouflage peut nous servir à nous aussi, lorsque nous sommes hors de notre élément ou que nous nous sentons menacés. Tel le léopard des neiges, nous pouvons user de stratégie et nous déguiser pour nous mouvoir sans craindre les dangers cachés. Comme tout félin, le léopard des neiges a des sens extraordinairement développés qui lui permettent de chasser dans l'obscurité totale. Mais contrairement aux félins de grande taille, il ne sait pas rugir : il « crache » comme le chat, grogne, halète, miaule ou ronronne.

Les léopards des neiges protègent les récoltes en empêchant le bétail de parcourir librement les champs et de pâturer les plants.

Ces créatures magiques passent la majeure partie de leur vie dans la solitude des hauts sommets, en harmonie avec la nature.

« Si le léopard des neiges apparaît, une période de solitude pourrait vous être bénéfique, vous faire prendre de la hauteur ou explorer de nouveaux sommets, et vous aider à y voir clair. »

Comment se connecter aux léopards des neiges

Statut de l'espèce

La perte d'habitat représente une menace sérieuse pour le léopard des neiges. Le changement climatique est responsable d'une montée en altitude de la limite des arbres, et avec elle d'une diminution de l'aire de répartition du félin et de ses proies. Son habitat en pâtit, les proies sauvages dont il se nourrit se raréfient, et la survie du félin dépend de plus en plus des animaux d'élevage.

Mouvement

Concentrez-vous sur le léopard des neiges en grimpant la colline ou la montagne la plus proche de chez vous. Une fois au sommet, élargissez votre vision pour gagner en clarté. Réfléchissez à l'expression de votre voix authentique et véritable.

Actions

Le changement climatique est une menace sourde mais réelle pour le léopard des neiges. En l'honneur du léopard, contribuez à réduire les gaz à effet de serre en adoptant ou en vous débarrassant d'une habitude. Essayez, pour commencer, d'avoir par exemple sur vous un sac en tissu plutôt que d'utiliser des sacs en plastique, ou utilisez uniquement du papier recyclable pour dessiner, imprimer ou emballer vos cadeaux.

Méditation

Visualisez-vous en train d'escalader un haut sommet enneigé avec un léopard des neiges pour compagnon. Laissez-vous prendre par le voyage et tenez un journal de ce que vous découvrirez ensemble.

L'OURS NOIR

Mûrissement · Hibernation · Introspection

L'ours nous aide à naviguer entre l'introspection et l'action. Les ours noirs se retirent dans leur tanière à la fin de l'automne pour plusieurs mois d'hibernation ; ils en ressortent au printemps affamés et obnubilés par la recherche de nourriture. Beaucoup de peuples anciens associaient les phases de veille et d'éveil de l'ours aux phases croissantes et décroissantes de la lune.

Bien que les ours soient calmes et joueurs en apparence, ils ont une puissance à fleur de peau qui ne demande qu'à s'exprimer, surtout lorsqu'il s'agit de la défense de leurs petits. Comme les ours marchent debout et fouillent les arbustes pour y trouver des baies, des racines ou des feuilles, ils étaient le symbole de la sagesse et de la médecine dans de nombreuses tribus amérindiennes. Les ours noirs ont une vue et une ouïe meilleures que les humains, et un odorat extraordinaire. Ils grimpent régulièrement aux arbres pour se nourrir ou échapper au danger, et ceux qui ont la chance d'avoir un plan d'eau à proximité y nagent pour le plaisir. Ces animaux nous rappellent qu'il faut profiter de la vie et savourer les richesses que la terre nous offre. Les ours vous incitent à vous reposer et à pénétrer la caverne de votre inconscient pour que vos désirs profonds puissent s'exprimer. Quand vous vous réveillerez, vous saurez de quoi vous avez vraiment faim.

« Celui qui rêvait de l'ours suivait peu après le chemin du guérisseur. »

Méditation et exploration créatrice

Retirez-vous dans une pièce sombre et commencez votre voyage intérieur. Imaginez-vous dans une caverne, respirez profondément, reposez-vous et ressourcez-vous. Quand vous en sortirez, vous aurez découvert une sagesse nouvelle et étincelante d'inspiration. Utilisez cet espace pour écrire ou dessiner tout ce qui vous sera apparu.

Comment se connecter aux ours

Action

Si vous avez une idée nouvelle ou un projet en cours, réfléchissez à la meilleure manière de gérer votre temps. Quelle période consacrer idéalement à l'introspection ? Quelle période définir pour agir, aller vers l'extérieur et les révéler au monde ?

Relations avec la nature

Découvrez les baies sauvages et comestibles qui poussent dans votre région. Apprenez à les identifier et assurez-vous qu'elles sont bien propres à la consommation. Si vous les récoltez en famille ou entre amis, veillez à en laisser quelques-unes pour les ours.

Statut de l'espèce

On ne rencontre l'ours noir qu'en Amérique du Nord. On trouve quelques ours bruns dans les Pyrénées, mais la population reste très fragile. Si vous vivez près d'eux, apprenez la coexistence pacifique et évitez de les attirer à vous avec de la nourriture. Les forêts qui produisent des noix, des écorces et des baies en abondance sont les habitats les plus importants pour les ours, lorsqu'elles sont épargnées par les activités humaines.

L'ORANG-OUTAN

Paix · Présence · Solitude

Le mot *orang-outan* veut dire « individu de la forêt » en malais et en indonésien. Ces proches parents nous incitent à ralentir, à réfléchir à notre humanité et au rôle que nous jouons dans la toile de la vie. Les peuples indigènes qui vivent avec les orangs-outans, comme le peuple iban en Indonésie, vénèrent ces primates qu'ils considèrent comme la réincarnation de membres respectés de leur communauté. Ils racontaient des histoires d'orangs-outans qui sauvaient les êtres chers du désastre. Pour la tribu iban, la nature est indissociable de la culture : ils révèrent et protègent ce parent sauvage.

Les orangs-outans partagent 97 % de notre ADN. On ne les trouve qu'en Asie du Sud-Est, dans les forêts tropicales des îles de Bornéo et de Sumatra. Ce sont des mammifères pacifiques et très intelligents qui passent le plus clair de leur vie à se balancer au sommet des arbres, à se régaler de fruits sauvages et à boire l'eau trouvée dans les trous des arbres. Contrairement aux autres primates, les orangs-outans adultes mènent une vie solitaire. Ils prennent leur indépendance vers l'âge de huit ans, après avoir partagé une relation privilégiée avec leurs mères : elles les auront portés sur le dos pendant les cinq premières années de leur vie. Les femelles donnent naissance tous les huit à dix ans à un bébé qu'elles élèvent seules. Les orangs-outans peuvent vivre jusqu'à environ soixante ans.

« Si cet animal se manifeste, recherchez un peu de solitude et prenez le temps de réfléchir à ce qui compte le plus. »

Comment se connecter aux orangs-outans

Prise de conscience et action

Ne fermez pas les yeux, lisez les étiquettes avec attention. L'huile de palme est l'une des plus grandes menaces qui pèsent sur les orangs-outans, car sa production ravage leur habitat. On en trouve dans d'innombrables produits alimentaires transformés : les chips, les biscuits salés et sucrés, les bonbons... Renseignez-vous et limitez votre consommation de produits contenant de l'huile de palme. Faites circuler l'information pour que d'autres aussi protègent cet être pacifique.

Statut de l'espèce

Les orangs-outans sont classés parmi les espèces « en danger critique d'extinction » sur la liste rouge de l'UICN. Ce parent sauvage est pacifique, mais menacé d'extinction en raison de la déforestation massive liée aux productions de pâte à papier et d'huile de palme.

Relations avec la nature

Si vous le pouvez, promenez-vous en forêt et imaginez les orangs-outans grimper aux arbres et y construire leurs nids. Réfléchissez à votre propre relation avec la forêt.

Méditation

Passez au moins une heure par semaine seul. Si vous le pouvez, asseyez-vous au pied d'un arbre qui vous invite à la méditation et réfléchissez à ce qui compte le plus pour vous. Notez ce que vous ressentez et découvrez en vous.

Exploration créatrice

Les orangs-outans sont mieux protégés dans les régions qui ont gardé en mémoire notre lien de parenté, chez les Iban par exemple, preuve s'il en est que les histoires et les croyances ont une forte influence sur notre relation avec la nature sauvage. Prenez le temps d'en apprendre davantage sur ces parents proches et créez votre propre histoire.

Le rhinocéros

Tranquillité · Ténacité · Ancrage

Le rhinocéros est l'un des plus imposants mammifères sur terre. Cette créature ancienne, si elle peut être intimidante, n'est toutefois qu'un paisible herbivore. Les rhinocéros existent depuis des millions d'années et, parce qu'ils broutent beaucoup, ils jouent un rôle essentiel dans l'écosystème de leurs prairies. Le rhinocéros est une espèce clé dont la présence favorise la biodiversité. Les espèces africaines de rhinocéros n'ont pas de dents à l'avant de la gueule, elles se servent de leurs lèvres pour arracher les herbes. Le rhinocéros de Sumatra est un fureteur dont les aliments préférés sont les extrémités des plantes, les brindilles et les fruits. Il est le plus petit et le plus velu de tous les rhinocéros parvenus jusqu'à nous, et sa lignée remonte à l'ère glaciaire. Il communique par des sifflements et des gémissements, et laisse derrière lui un réseau de pistes odorantes pour que ses congénères le retrouvent.

Les rhinocéros sont connus pour leurs cornes caractéristiques faites de kératine, le même type de protéines que celles qui composent les cheveux et les ongles. Tristement, certains croient que l'ingestion de la corne est une bonne chose pour la santé (c'est faux), ce qui a conduit ces créatures pacifiques à la limite de l'extinction. Les rhinocéros utilisent leurs solides cornes pour creuser dans les sols arides et compacts à la recherche de racines et d'eau lorsque celles-ci se font rares. Ils utilisent également leurs cornes pour intimider les autres et, si nécessaire, défendre leur territoire.

« Si vous croisez le rhinocéros, c'est un signe : la situation qui vous intimide n'est peut-être pas celle que vous croyez. »

Comment se connecter aux rhinocéros

Activités

Découvrez les espèces qui constituent la clé de voûte de votre environnement. Quelles sont celles qui prospèrent et quelles sont celles qui manquent à l'appel ? Quelle incidence ont leur présence ou leur absence sur les terres qui vous entourent ?

Statut de l'espèce

Selon la liste rouge de l'UICN, les rhinocéros noirs, de Java et de Sumatra sont en danger critique d'extinction. Il reste moins de 80 rhinocéros de Sumatra à l'état sauvage. Le braconnage est historiquement responsable de la baisse des populations, mais aujourd'hui la plus grande menace pour le rhinocéros est la perte d'habitat, conséquence directe de la déforestation imputable à la production d'huile de palme et de pâte à papier. La fragmentation des populations rend par ailleurs de plus en plus difficiles l'accouplement et la reproduction. Les rhinocéros blancs d'Afrique se divisent en deux sous-espèces, l'une au Nord et l'autre au Sud. La sous-espèce du Sud se porte relativement bien ; le rhinocéros du Nord en revanche n'existe plus à l'état sauvage.

Action

Faites attention à ce que vous achetez. Certains shampoings, produits de beauté et savons utilisent de l'huile de palme qui menace le rhinocéros de Sumatra. Si vous devez acheter un produit contenant de l'huile de palme, assurez-vous qu'il s'agit d'une huile durable (certifiée RSPO). Faites un don ou du bénévolat et sensibilisez à la cause de cette espèce ancienne.

MÉDITATION

Méditez sur une situation qui vous a intimidé, mais avec l'intention de trouver de nouvelles façons de la percevoir. Fixez-vous un temps donné et ancrez-vous en respirant profondément. Invitez le rhinocéros à vous accompagner. Parcourez ensemble toutes les faces du défi jusqu'à ce que vous trouviez un nouveau degré de compréhension. Consignez ici ce que vous avez découvert.

L'ARAIGNÉE

Créativité · Réceptivité · Patience

Parce qu'elle tisse sa toile, l'araignée représente l'esprit de la création. Patientes, ces habiles créatrices appartiennent au groupe animal des arachnides – ce nom vient d'Arachné, talentueuse tisserande de la mythologie grecque transformée en araignée après avoir suscité la colère d'Athéna.

Ces créatures sont d'incroyables artisanes : elles tissent des toiles complexes qui, certes, peuvent sembler fragiles, mais sont extraordinairement résistantes. Si nous pouvons casser une toile d'araignée, c'est uniquement parce qu'elle est très fine, car en réalité le matériau qui la compose est plus robuste que l'acier. Les araignées possèdent une glande spécifique sur l'abdomen qui produit la soie merveilleuse qu'elles utilisent pour monter de plante en plante ou créer des cocons, des pièges et les câbles incroyables du « ballooning ». Cette technique qui évoque les montgolfières permet aux araignées de se déplacer dans les airs en libérant un ou plusieurs fils qui capteront le vent. Pour y arriver, l'araignée grimpe sur un point élevé, évalue la direction du vent et, si la brise le permet, lève son abdomen vers le ciel pour libérer de fins fils de soie jusqu'à ce qu'ils s'envolent.

Les toiles sont le foyer et la vie de l'araignée femelle : elle y vivra, y mangera et s'y reproduira toute sa vie. Voilà pourquoi elle déploie tant d'efforts pour construire une toile belle et solide : ce sont la nourriture et les partenaires qui viendront à elle. Les femelles sont plus grandes et plus fortes que les mâles. Elles restent généralement au même endroit toute leur vie. Les mâles, eux, sont plus petits et doivent beaucoup voyager. Parfois, ils se font dévorer par leur partenaire : la vie est plus dure pour l'araignée mâle. Si certains jeunes mâles construisent des toiles pour attraper leurs proies, ils les abandonneront pour partir à la recherche d'une compagne. Ces structures temporaires et souvent bâclées deviendront de banales toiles d'araignée.

L'araignée vous demande d'affronter vos peurs infondées et de faire preuve de patience à l'égard d'un projet créatif ou d'une idée que vous souhaitez concrétiser.

« Quand l'araignée arrive dans votre vie, il faut attacher de l'importance aux petites choses et aux réalisations fragiles, presque invisibles, mais qui portent en elles une incroyable résilience. »

Comment se connecter aux araignées

Exploration sensorielle

Explorez vos sens... d'araignée. Pour l'araignée, la source d'informations sur le monde la plus importante vient des poils extrêmement sensibles qui recouvrent la majeure partie de son corps. Ces poils perçoivent les vibrations, même de faible intensité, qui se produisent sur n'importe quelle surface sur laquelle elle se trouverait. Explorez vos propres perceptions sensorielles à travers les sons et les vibrations.

Statut de l'espèce

Plus de 45 000 espèces d'araignées sont recensées dans divers habitats partout dans le monde.

Activité

Explorez l'art de tisser, en découvrant le métier à main ou en créant une œuvre d'art qui s'inspire de la toile d'araignée. Y a-t-il un projet que vous avez délaissé et qui prend la poussière ? Il est peut-être temps soit de le concrétiser soit de l'abandonner.

Action

L'arachnophobie, ou peur des araignées, est la plus répandue des phobies liées aux animaux dans le monde. Les araignées que l'on rencontre dans les maisons sont pourtant inoffensives en général et se nourrissent des nuisibles courants qu'elles y trouvent, comme les cafards. Si on les laisse tranquilles, elles participent efficacement à la lutte contre ces nuisibles dans les maisons. Renseignez-vous sur les araignées de votre région pour surmonter toute peur et apprenez peut-être même... à apprécier ces créatures exceptionnelles.

Exploration créatrice

Utilisez cet espace pour dessiner une toile d'araignée. Déposez-y vos peurs infondées, piégez-les-y et affrontez-les.

L'ÉCUREUIL ROUX

Énergie · Constitution athlétique · Anticipation

Les écureuils ont une énergie débordante, ils ne cessent d'amasser et de préparer l'avenir. Nous les voyons faire des réserves de noix pour les temps incertains et les froides journées d'hiver. Ils multiplient les cachettes de nourriture à l'intérieur et à proximité du nid pour parer à presque toute éventualité. S'ils s'adonnent à leur tâche et semblent toujours affairés, ils sont aussi joueurs. Ils courent et sautent de branche en branche et montrent des qualités d'illusionniste lorsqu'ils creusent des trous puis les recouvrent sans laisser de nourriture derrière eux pour détourner les autres animaux de leur piste. On surnomme parfois l'écureuil roux l'« écureuil des pins », car on le trouve principalement dans les forêts de conifères arrivés à maturité et il apprécie les pignons. Contrairement à son cousin, l'écureuil gris, tenace et qui peut évoluer en milieu urbain, l'écureuil roux a besoin des forêts pour survivre. Les graines contenues dans les pommes de pin lui conviennent parfaitement, ce qui le rend essentiel pour la régénération des pinèdes.

Les écureuils communiquent leurs émotions de différentes manières : ils peuvent grogner, grincer des dents, cliqueter ou pousser de petits cris tout en tapant des pieds ou en agitant la queue. L'écureuil roux est nettement plus petit que son cousin l'écureuil gris, mais il compense par son attitude. Si vous avez offensé un écureuil roux, il vous le fera savoir. Il peut se placer sur une branche bien au-dessus de vous et crier, babiller ou agiter la queue pour vous donner une idée de ce qu'il pense. Le premier message que l'écureuil envoie lorsqu'il agite la queue, c'est une mise en garde. S'il détecte un danger ou quoi que ce soit de suspect, il utilise sa queue pour alerter les autres écureuils et pour faire savoir aux prédateurs qu'il a bien perçu le danger, les informant ainsi qu'il ne se laissera pas surprendre. Petite créature dotée d'une grande personnalité, l'écureuil roux nous rappelle qu'il faut dire le fond de sa pensée lorsque des limites importantes sont franchies. Il nous rappelle qu'il faut être minutieux dans la collecte de ce dont on a besoin pour être prêt quoi qu'il arrive.

« Si un écureuil croise votre route alors que vous poursuivez un objectif ambitieux, il vous dit de tenir bon sans oublier de vous amuser. »

Comment se connecter aux écureuils roux

Mouvement

Essayez de rejoindre un centre d'escalade et apprenez à grimper rapidement, comme l'écureuil.

Méditation

Marchez dans une forêt de pins des environs ou asseyez-vous sous un pin pour méditer. Y a-t-il un événement imminent auquel vous devez vous préparer (un examen ou un entretien d'embauche) ? Mobilisez l'énergie de l'écureuil pour être prêt : faites des recherches et organisez-vous.

Statut de l'espèce

On trouve l'écureuil roux partout aux États-Unis dans les forêts de conifères. S'il est très présent en Europe centrale, il a presque disparu du Royaume-Uni en raison de la déforestation et de l'introduction dans le pays de l'écureuil gris.

Action

Aidez à planter des arbres et à préserver les forêts de pins anciennes, soutenez la reforestation.

Activité

Les écureuils roux vivent en symbiose avec les pins. Apprenez à reconnaître les espèces de pins et les autres arbres à feuilles persistantes qui vous entourent. Dessinez ici leurs feuilles et leurs principales caractéristiques.

L'ÉLÉPHANT

Bonté · Sagesse ancestrale · Coopération

Les éléphants sont connus pour la compassion, la fidélité et l'altruisme dont ils font preuve les uns envers les autres. Si au sein d'un troupeau un éléphant est blessé, les autres risqueront leur vie pour le ramener en lieu sûr. Ces animaux majestueux nous rappellent le pouvoir de l'amour et de la loyauté envers les amis, les parents ou la famille que l'on s'est choisie.

L'éléphant d'Afrique est le plus grand mammifère terrestre au monde. Dans les savanes, les forêts et les zones boisées du continent africain, il joue un rôle important dans la régulation des écosystèmes naturels. Les éléphants piétinent les prairies épaisses et créent des trous d'eau utiles aux autres animaux sauvages lorsque les précipitations sont faibles. Les traditions africaines laissent entendre que les éléphants sont la réincarnation d'anciens chefs humains, puisque leur rôle est de créer l'harmonie et de régler les différends entre les autres créatures sauvages. Légèrement plus petits que leurs cousins africains, on trouve les éléphants d'Asie dans les forêts de l'Inde et de l'Asie du Sud-Est.

Les liens qui vous unissent à vos proches sont-ils solides ? Si la réponse est non, vous êtes vivement encouragé à les renforcer. Avec le soutien de l'éléphant, approfondissez les liens existants et exprimez votre gratitude à ceux qui vous entourent – il en est temps.

« Quand l'éléphant entre dans votre vie, il veut que vous réfléchissiez aux liens qui vous unissent à vos amis, à votre famille et à votre environnement proche. »

Comment se connecter aux éléphants

Relations avec la nature

Adoptez la gentillesse de l'éléphant et faites une promenade dans la nature avec ceux que vous aimez. Pendant la balade, faites preuve de compassion envers les créatures qui vous entourent en ramassant les déchets et en notant les zones sauvages qui pourraient avoir besoin d'aide.

Statut de l'espèce

Ces animaux sauvages doux ont été exploités dans les cirques notamment pour nous divertir. Par chance, nous sommes aujourd'hui toujours plus nombreux à libérer les éléphants de cette cruelle humiliation. Bons et intelligents, ces animaux méritent de vivre libres avec leur famille bien-aimée. Aujourd'hui, ils sont sous la menace constante de la perte de leur habitat, du braconnage lié à l'ivoire et des conflits opposant la faune sauvage aux êtres humains. Les éléphants de Sumatra sont en danger critique d'extinction, et on estime à 35 000 les éléphants d'Afrique tués chaque année pour leurs défenses : leur taux de croissance naturelle n'atteint plus celui des tueries.

Action

Soutenez et engagez-vous auprès des organisations protectrices des éléphants. Écrivez aux dirigeants locaux et usez de tous les moyens dont vous disposez pour empêcher l'exploitation de cet animal sage et empli de compassion. Si vous organisez une collecte pour une organisation, utilisez l'espace ci-dessous pour voir combien vous aurez récolté.

Objectif : ______________________________

Date	Montant

Exploration créatrice

Pensez à vos amis et à votre famille proche ou plus éloignée. Y a-t-il quelqu'un qui vole systématiquement à votre secours quand vous en avez besoin ? Méditez sur les soutiens de votre famille et dressez ci-contre une liste de gratitude à l'égard de toutes les personnes qui ont été là pour vous. Ensuite, envoyez quelques lettres ou cartes de remerciement pour exprimer cette gratitude et renforcer vos liens avec ces personnes. Rédigez un brouillon de votre lettre sur la page de droite.

LE RENARD ROUX

Adaptabilité · Intelligence · Ingéniosité

Le renard roux, personnage incontournable des contes de fées, stimule notre imagination depuis des siècles. Si certaines histoires brossent le portrait d'un gardien fidèle, d'un ami ou d'un amant, la plupart d'entre elles évoquent ruse et tromperie. La chasse au renard est une pratique sportive et l'animal, aussi élevé pour sa fourrure, est soumis à de cruels traitements. Cependant, et malgré les menaces humaines, cette créature intelligente vit parmi nous dans de nombreuses zones urbaines et suburbaines. Son habitat est constitué de forêts, de montagnes et de déserts, et son régime alimentaire est tout aussi varié, allant des fruits aux ordures ménagères.

L'image de séducteur du renard nous renvoie à une sensualité sauvage. Dans le folklore, les femmes renardes sont des créatures séduisantes dont la beauté mystérieuse envoûte les voyageurs imprudents. Dans certains contes, elles retirent aux hommes leur énergie vitale ; dans d'autres, elles sont douces, mais ne peuvent être apprivoisées. Les hommes renards aussi appâtent les égarés par leur charme et leur ruse. La robe flamboyante du renard fait partie intégrante des histoires : on identifie souvent sa queue en forme de flamme et sa capacité d'adaptation au feu et à la métamorphose.

Le renard vit en bordure de nos mondes civilisés, il nous invite au souvenir et au ré-ensauvagement. Réfléchissez à votre propre histoire. Quel impact a-t-elle sur votre vie ? Avec le renard et sa fougue, vous pourriez donner vie à une version plus farouche et plus libre de votre propre conte de fées.

« Si le renard roux entre dans votre vie, il est peut-être temps pour vous d'accueillir votre moi sauvage. »

Comment se connecter aux renards

Mouvement

Si vous voulez raviver une flamme intérieure ou en attiser les étincelles éparses, essayez-vous à un art martial. S'il vous faut maîtriser votre feu intérieur, tentez un cours de yoga ou quelque chose qui vous apaise.

Relations avec la nature

Allez vous promener dans un nouvel environnement naturel ou, plus simplement, empruntez un sentier différent. Laissez le renard s'exprimer à travers vous, remarquez que vos sens se réajustent, notez ce qui vous apparaît et le changement de perspective opéré par ce nouveau cadrage.

Statut de l'espèce

Si sa population est stable, le renard roux subit toujours la cruauté de l'espèce humaine : il est élevé pour sa fourrure et chassé. Si le renard est votre allié animal, aidez à le protéger (voir les organisations en fin d'ouvrage).

Activités

Renseignez-vous sur les renards et la manière dont ils communiquent entre eux. Écoutez leurs appels et essayez de les imiter.

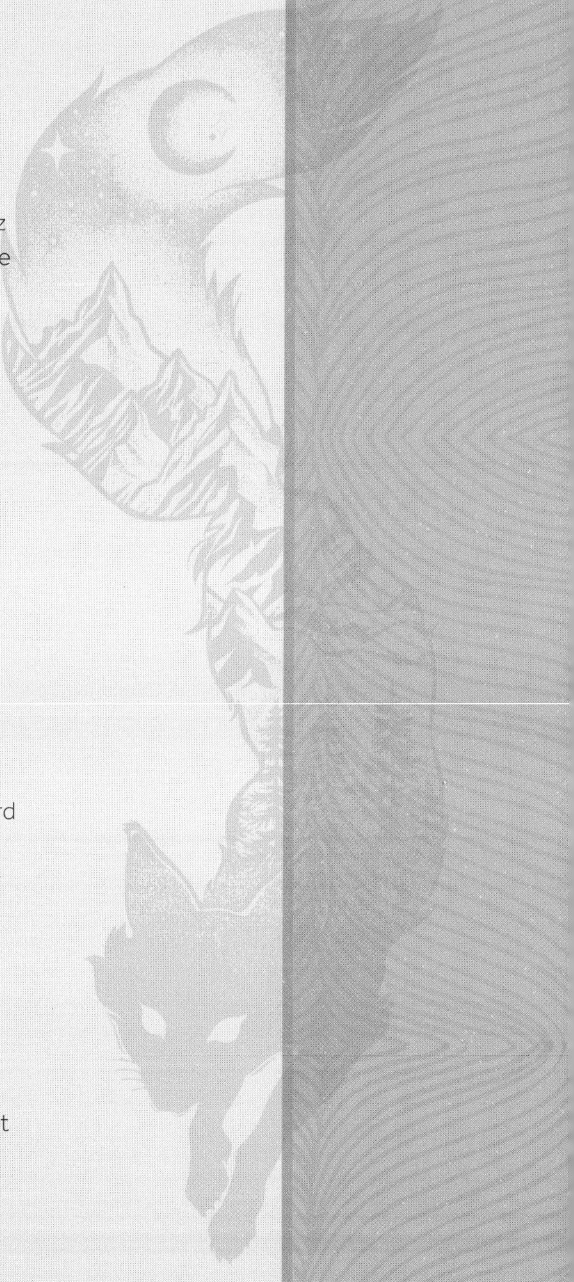

Méditation

Asseyez-vous, les yeux ouverts, et fixez un endroit comme si vous étiez un renard à l'affût. Concentrez-vous sur votre respiration et sur votre plexus solaire et accédez au feu qui brûle en vous. Écrivez ou dessinez ce que vous aurez ressenti. Devez-vous ranimer votre flamme intérieure ou la recentrer ?

Exploration créatrice

Lisez des contes populaires liés au renard et notez dans un journal ce qui vous apparaît. Imaginez-vous en renard et écrivez une histoire sur vous-même ou un conte de fées sur votre vie.

Le serpent

Transcendance · Renaissance · Renouveau

Le serpent symbolise la transformation, la guérison et le renouveau. Lorsqu'un serpent va muer, son ancienne peau devient terne et ses yeux opaques, on dirait qu'il est en transe. Il arrête de manger et se réfugie dans un endroit sûr. Après quelques jours de mue, ses yeux redeviennent clairs et semblent comme neufs, sortis de leur ancienne peau. Apprenons de cette mue et libérons-nous des pensées, des schémas ou des influences extérieures qui ternissent notre esprit, notre corps et notre âme. Dans certains cas, nous pouvons avoir besoin de nous mettre en retrait pour traverser une période de changement.

Les serpents, symboles de guérison, étaient sacrés dans les cultures du monde entier. La représentation la plus familière du serpent est sans doute le bâton d'Asclèpios, dieu grec de la médecine. Dans les traditions yogiques, le serpent représente la Kundalini, énergie enroulée à la base de la colonne vertébrale et qui reste en sommeil jusqu'à ce que la personne s'éveille. L'ouroboros est le symbole alchimique, originaire de l'Égypte ancienne, du serpent qui se mord la queue. Il symbolise le cycle de la vie, de la mort et de la renaissance. Si beaucoup ont peur des serpents, ils jouent pourtant un rôle important dans notre écosystème et participent à l'équilibre de la toile de la vie.

« Si le serpent se dresse devant vous, il pourrait être temps de changer de peau et d'abandonner ce qui ne vous va plus. »

Exploration créatrice

Accordez-vous un laps de temps déterminé pour compléter librement la phrase : « Je suis prêt à perdre… ». Dessinez ou réalisez des collages de vos anciennes peaux. Rendez hommage à vos expériences passées au fur et à mesure que vous lâchez prise.

Comment se connecter aux serpents

Mouvement & Méditation

Bougez votre colonne vertébrale d'avant en arrière et réfléchissez à sa structure. Vous sentez-vous raide ou plutôt souple ? Étirez-vous et bougez jusqu'à ce que votre colonne vertébrale soit fluide et gracieuse, comme le mouvement d'un serpent.

Statut de l'espèce

On recense quelques 3 500 espèces de serpents. Beaucoup d'entre elles sont vulnérables ou en danger critique d'extinction.

Relations avec la nature

Renseignez-vous sur les serpents de votre environnement et sur leur rôle dans votre écosystème.

Action

Passez en revue vos vieux vêtements et autres objets, et voyez ce qui ne va plus. Faites-en une liste et donnez-les pour avoir plus d'espace autour de vous.

Le cheval

Dévouement · Endurance · Grâce

Ces animaux magnifiques représentent la quintessence du dévouement. Ceux qui murmurent à l'oreille des chevaux savent, et ils l'ont toujours su, communiquer avec la nature impétueuse de l'animal tout en instaurant avec lui, pacifiquement, une relation de confiance et des liens privilégiés. D'autres, qui n'ont ni cette patience ni ce talent de communication, pensaient qu'il fallait recourir à la cruauté pour débourrer un cheval et briser sa fougue. Les chevaux ont accompagné les humains dans les guerres, ils nous ont permis de voyager et de transporter des marchandises, et ont démultiplié nos capacités agricoles à planter comme à récolter. Fidèles compagnons depuis des siècles, ils ont été nos premiers moyens terrestres de locomotion, ils nous ont permis d'explorer de vastes étendues et de nous sentir libres.

Les Celtes acclamaient les chevaux comme des bêtes appartenant au dieu Soleil et leur attribuaient une place aux côtés de la déesse Épona. À l'état sauvage, les chevaux vivent dans des groupes dirigés par un mâle adulte, l'étalon. Certains des chevaux domestiques introduits en Amérique du Nord avec la conquête espagnole, au XVIe siècle, se sont échappés puis dispersés dans les Grandes Plaines américaines pour y devenir sauvages.

Avec le cheval, le moment est venu de murmurer à vos désirs intérieurs pour que vous puissiez œuvrer de concert et vous sentir libre.

« Si le cheval entre dans votre vie, il peut être temps de vous adresser à votre nature impétueuse et de réfléchir aux aspects sauvages de votre âme que vous n'avez pas su apprécier à leur juste valeur. »

Comment se connecter aux chevaux

Méditation

Nous sommes aujourd'hui obsédés par la vitesse de nos déplacements. Certains continuent de monter à cheval, mais plus pour la détente ou le sport que pour le mode de locomotion. Prenez le temps de ralentir quand vous marchez, faites du vélo ou conduisez. Devez-vous vraiment traverser l'existence à toute allure ? Quelle est l'urgence ?

Statut de l'espèce

Nous ne connaissons plus, depuis des siècles, que les chevaux domestiques. Il nous est donc difficile d'imaginer les créatures sauvages qu'ils ont été. Entre l'Islande et les Shetland, sur les îles Féroé, le poney du même nom est une race chevaline des plus anciennes, devenue rare et aujourd'hui quasiment éteinte. Le dernier véritable cheval sauvage, le cheval de Przewalski, est lui classé parmi les espèces en danger critique d'extinction sur la liste rouge de l'UICN. Les poneys de Chincoteague, appelés aussi « chevaux d'Assateague », étaient autrefois domestiqués. Ils vivent aujourd'hui à l'état sauvage sur l'île d'Assateague, en Virginie et dans le Maryland. Tout porte à croire que ces chevaux sauvages sont les descendants des rescapés d'un galion espagnol échoué au large des côtes d'Assateague.

Action

Allez si possible à la rencontre des chevaux proches de chez vous. Soutenez les organisations qui, en apprenant aux gens à murmurer à l'oreille des chevaux ou à protéger les derniers chevaux sauvages, travaillent pour eux.

Réflexion

Quelle relation entretenez-vous avec votre énergie vitale ? Souhaitez-vous apprendre à la connaître pour partager avec elle une relation intime, ou s'agit-il d'une association involontaire et redoutée ? Prêtez attention à votre dialogue intérieur, et voyez si vous ne pouvez pas être plus aimable envers vous-même. Utilisez cet espace pour écrire quelques affirmations positives.

LE KOALA

Sécurité · Affection · Spécificité

Les koalas vivent dans les forêts d'eucalyptus de l'est et du sud-est de l'Australie. Réputés pour leur nature câline et calme, ces adorables animaux entretiennent une relation privilégiée avec l'eucalyptus, dont ils dépendent à la fois pour leur nourriture et leur habitat. Les koalas ont des griffes acérées qui leur permettent de s'agripper aux branches. Leur régime alimentaire, constitué exclusivement d'eucalyptus, met à rude épreuve leur système digestif qui doit dégrader les toxines contenues dans les feuilles et en extraire les maigres éléments nutritifs. Les koalas ne tirent que très peu d'énergie de leur alimentation et peuvent dormir jusqu'à dix-huit heures par jour. Ils mangent tellement d'eucalyptus qu'ils peuvent dégager l'odeur mentholée de la plante.

Comme les kangourous, les koalas sont des marsupiaux : ils ont une poche dans laquelle les bébés se développent. À la naissance, les bébés koalas ne sont pas plus gros qu'un bourdon, aveugles, sans poils ni oreilles. Adultes, les koalas ont besoin de beaucoup d'espace – une centaine d'arbres par animal –, ce qui pose un réel problème à mesure que les forêts australiennes se réduisent. Le défrichement, l'exploitation forestière et les feux de brousse ont détruit beaucoup des forêts dont dépendent les koalas. En réponse aux sécheresses, les koalas ne font plus de siestes et descendent des arbres pour trouver de l'eau ; ils dépensent ainsi une énergie précieuse et s'exposent davantage aux prédateurs.

« Si le koala se manifeste, il vous invite à vous reposer, à réfléchir et à ne pas sous-estimer l'importance des choses simples de la vie. »

Exploration créatrice

Trouvez un eucalyptus près de chez vous ou cherchez une photo d'eucalyptus sur Internet. Dessinez-le ici et ajoutez des koalas.

Comment se connecter aux koalas

ACTIVITÉ

On utilise beaucoup les vapeurs d'eucalyptus ; inhalées, elles font office de décongestionnant. La plante est présente dans de nombreux produits proposés en vente libre, comme les bains de bouche, les vaporisateurs et les répulsifs pour insectes. Renseignez-vous sur les vertus de l'eucalyptus et, comme le koala, familiarisez-vous avec l'odeur et les propriétés de l'arbre.

STATUT DE L'ESPÈCE

Ces animaux ont désespérément besoin de notre aide. L'UICN a classé les koalas parmi les dix animaux les plus vulnérables au changement climatique. Il a été démontré que l'augmentation du dioxyde de carbone dans l'atmosphère diminue la qualité nutritionnelle des feuilles de l'eucalyptus et provoque des périodes de sécheresse plus longues et plus intenses, ou des incendies réduisant considérablement son habitat.

ACTION

Plantez des arbres et participez au reboisement de votre lieu de résidence. Partagez la détresse du koala et soutenez financièrement les organisations qui œuvrent pour la protection de ces animaux et de leur habitat.

Réflexion

Réfléchissez à la vulnérabilité du koala et à sa relation avec l'eucalyptus. De quoi ne pourriez-vous pas vous passer ? Imaginez que l'on vous l'enlève. Consignez dans un journal ce que vous ressentiriez puis dressez une liste de ce pour quoi vous éprouvez une profonde reconnaissance.

J'AI UNE PROFONDE RECONNAISSANCE POUR…

Le panda

Espace sacré · Équilibre · Harmonie

Les pandas vivent en altitude dans les montagnes du sud-ouest de la Chine, où ils mènent une vie paisible et solitaire la majeure partie de leur existence. Il se nourrit presque exclusivement de bambou, et vit dans les forêts de bambou depuis des millions d'années. Les pandas sont réputés pour leur timidité et leur tempérament docile, mais les mères sont extrêmement protectrices et laissent exploser leur colère si quelqu'un s'approche de leurs petits. Sous leur apparence douce et câline, ces ours montrent l'importance des limites personnelles : elles nous donnent un sentiment de sécurité et d'ancrage dans l'existence. Les pandas sont extrêmement sensibles à leur environnement et facilement sujets au stress lorsqu'il y a trop de bruit ou de mouvement.

Bien qu'ils passent le plus clair de leur temps à se prélasser et à manger du bambou, les pandas sont également d'agiles grimpeurs et de bons nageurs. Ils s'abritent dans les arbres creux ou les crevasses rocheuses, sans y aménager de tanières permanentes. Pour cette raison, les pandas n'hibernent pas comme les autres ours, mais se déplacent vers des altitudes plus élevées où les températures sont plus clémentes. Dans les cultures orientales, les pandas symbolisent le calme, l'équilibre des opposés et le règlement harmonieux des conflits. Le panda vous encourage à créer un espace sacré et à protéger ceux qui sont vulnérables et vous sont chers.

« Si le panda apparaît dans votre vie, réfléchissez à ce qui vous réconforte, il en est temps, et prenez soin de vous-même ou des autres de manière plus consciente. »

Comment se connecter aux pandas

ACTION

Faites un don à une organisation caritative qui protège les pandas et soutient les projets de préservation en Chine. Intéressez-vous à l'origine et au procédé de fabrication de votre papier. L'utilisation des bambous pour la production du papier entraîne la destruction de l'habitat naturel du panda et de sa principale source de nourriture. Choisissez des produits en papier recyclé si vous le pouvez et veillez à toujours les recycler quand vous ne les utilisez plus.

MÉDITATION

La solitude et la sérénité des pandas nous rappellent à quel point il est important de se sentir bien avec soi-même, que l'on soit seul ou avec d'autres. Efforcez-vous de consacrer quelques minutes par jour au silence et à la contemplation, pendant au moins trois semaines. Si vous le faites déjà, réfléchissez aux différentes manières d'approfondir votre pratique.

STATUT DE L'ESPÈCE

L'agriculture et la déforestation ont poussé le panda géant à quitter les plaines où il vivait autrefois. En 2016, l'UICN a rebasculé l'espèce de la catégorie « en danger » à « vulnérable ». On n'estime plus aujourd'hui qu'à 1 864 le nombre des pandas à l'état sauvage.

Activité

Il est important d'avoir des espaces dans lesquels on se sent calme, en sécurité et à l'aise. Comment vous sentez-vous dans votre environnement, intérieur et extérieur ? Prenez le temps de créer votre propre espace sacré, vous y exposerez par exemple des photos d'êtres chers ou de vos endroits préférés à travers le monde. Dressez une liste des objets qui ont pour vous une signification particulière ou qui vous apaisent. Entourez-vous si vous le souhaitez de bougies, de cristaux, de chapelets ou de musique.

★ ______________________________

★ ______________________________

★ ______________________________

★ ______________________________

★ ______________________________

★ ______________________________

★ ______________________________

★ ______________________________

★ ______________________________

★ ______________________________

★ ______________________________

★ ______________________________

★ ______________________________

★ ______________________________

★ ______________________________

★ ______________________________

★ ______________________________

Le tigre

Puissance · Assurance · Dignité

Le tigre représente la prouesse physique, le courage et la force intérieure. Originaire d'Asie, le tigre compte six sous-espèces actuelles : le tigre de Sumatra (la plus petite des espèces), le tigre de Sibérie, le tigre du Bengale, le tigre d'Indochine, le tigre du sud de la Chine et le tigre de Malaisie. Ces félins majestueux occupent une place importante dans la philosophie et la cosmologie asiatiques, où l'on pense que leur beauté et leur calme extérieur dissimulent leur férocité. Grâce à cet équilibre des contraires, les tigres incarnent l'harmonie et les forces opposées du yin et du yang taoïstes. On recherchait l'âme du tigre dans ses rayures et ses représentations : on les portait comme vêtements ou on les suspendait dans la maison comme symboles de protection.

Sauf quand ils s'accouplent ou élèvent leurs petits, les tigres sont solitaires et extrêmement attachés à leur territoire. Dans un périmètre idéal de 60 à 100 km², un tigre peut avoir plusieurs tanières, dans des grottes, des arbres creux ou une végétation dense dans laquelle il peut se cacher. Puissants sprinters, nageurs et grimpeurs, les tigres sont des athlètes incroyables. Leurs compétences et leurs prouesses ont été exploitées de manière déplorable pour le cirque et les expositions animalières. Heureusement, ces pratiques cruelles sont désormais interdites dans la plupart des pays du monde. Ces rois et reines de la jungle doivent rester à l'état sauvage.

« Si le tigre apparaît, il vous invite à explorer les forces apparemment opposées de férocité et de calme qui sont en vous. Vous trouverez dans leur équilibre l'essence de votre véritable force. »

Comment se connecter aux tigres

Méditation

Découvrez votre force innée et l'équilibre des contraires que vous avez en vous. Faites appel à la force tranquille du tigre quand vous avez peur.

Statut de l'espèce

Depuis 1986, le tigre est classé sur la liste rouge de l'UICN parmi les espèces en danger. Depuis le début du xxe siècle, les populations ont perdu 93 % de leur aire de répartition historique. Les principales causes de ce déclin sont la destruction ou la fragmentation de l'habitat du félin comme le braconnage.

Relations avec la nature

Explorez les paysages qui vous entourent avec l'assurance tranquille et l'œil averti du tigre. Êtes-vous attaché à votre territoire ? Le protégez-vous ?

Action

Soutenez les organisations proposées en fin d'ouvrage qui contribuent à restaurer l'habitat du tigre.

Mouvement

Pratiquez un nouveau sport pour garder votre corps puissant comme un tigre. Essayez l'escalade, la natation, le vélo ou un sport d'équipe.

Exploration créatrice

Utilisez cet espace pour vous entraîner à dessiner un tigre. Lorsque vous y parviendrez, prenez un morceau de papier ou une toile et dessinez ou peignez un tigre. Suspendez-le chez vous, là où vous souhaiteriez être davantage protégé.

Suivez votre intuition, plongez dans les profondeurs de l'océan et laissez-vous porter par vos émotions et vos rêves en compagnie de créatures de l'eau telles que la baleine à bosse, le dauphin ou la loutre de mer.

2

Les animaux de l'eau

LE GRAND REQUIN BLANC

Implacabilité · Faim · Détermination

Les grands requins blancs jouent un rôle essentiel dans les écosystèmes océaniques. Superprédateurs, ils garantissent la diversité des espèces et la mobilité de leurs proies, préservant ainsi, indirectement, la santé des habitats importants : herbiers marins et récifs coralliens. On sait que les grands requins blancs plongent très profondément pour se nourrir de poissons et de calmars qui se déplacent lentement dans les eaux sombres et froides de la mer. Bien que presque tous les poissons aient le sang froid, ces requins possèdent un système de vaisseaux sanguins particulier qui maintient une température corporelle plus élevée que celle de l'eau environnante. C'est ce qui leur permet de se déplacer vite et avec détermination.

Le grand requin blanc nous demande d'affronter et de dévoiler nos peurs. S'ils sont connus comme l'une des seules espèces à avoir mordu et tué des êtres humains, ces événements sont extrêmement rares. Par ailleurs, l'homme capture trop de grands requins blancs, et les scientifiques les considèrent désormais comme menacés d'extinction. Avec moins de requins dans l'écosystème des récifs coralliens, les poissons prédateurs plus gros deviennent plus nombreux et se nourrissent des herbivores. Avec moins d'herbivores, les macroalgues prolifèrent au détriment du corail, dont la survie est menacée. Le requin vous demande de plonger en vous, de ne pas vous laisser distraire ni de redouter les menaces, et de trouver les vrais désirs de votre âme.

« Si le requin vous fait signe, il est temps pour vous de plonger dans vos profondeurs et de vous demander : de quoi ai-je vraiment faim ? »

Comment se connecter aux requins

Activité

Débarrassez-vous de l'accessoire et du superflu. Donnez les livres et les vêtements que vous n'utilisez plus et recyclez ce qui ne sert plus. Faites de la place pour améliorer votre concentration et votre lucidité.

Prise de conscience

Comportez-vous en consommateur averti et si vous ou votre famille mangez des fruits de mer, assurez-vous qu'ils proviennent d'une source durable.

Statut de l'espèce

La surpêche a largement contribué à faire des requins l'un des groupements de vertébrés les plus menacés de la planète. Les grands requins blancs figurent désormais parmi les espèces vulnérables sur la liste rouge des espèces menacées de l'UICN. La majeure partie de leur habitat bénéficie d'une protection juridique partielle ou totale, mais les prises accidentelles et le braconnage illégal se poursuivent.

Action

Il est difficile de convaincre le public de protéger les requins, lorsque les médias en brossent des portraits aussi terrifiants que celui des *Dents de la mer*. Aidez les gens à comprendre cette espèce méconnue. Faites tout ce qui est en votre pouvoir pour sensibiliser à la cause des requins et à leur rôle essentiel dans l'écosystème.

Exploration créatrice

Notez tout ce que vous désirez ardemment. Gardez en tête que personne ne le lira, alors ne modifiez pas votre premier jet – vous pourrez toujours détruire le document plus tard. Si vous le souhaitez, commencez vos phrases par « J'ai faim de » ou « Je meurs d'envie de » et ne vous arrêtez plus d'écrire jusqu'à ce que tous vos désirs aient été extériorisés. Laissez-les s'exprimer librement jusqu'à ce que vous arriviez à celui qui vous rongeait profondément et ne demandait qu'à surgir.

Le phoque

Équilibre · Désir · Voix intérieure

Les phoques passent la majeure partie de leur vie dans la mer, mais ils mettent bas sur la terre ferme. Ils n'ont pas d'oreilles externes, mais de petites ouvertures qui montrent leur affinité avec leur voix intérieure. Les phoques nagent à la fois sous l'eau et au-dessus de l'eau, ils peuvent ainsi faire l'expérience et du monde intérieur et du monde extérieur. Le phoque nous aide à nous rappeler le lien qui nous unit à nos rythmes profonds et à notre connaissance intérieure.

Ces créatures sont célèbres dans la tradition celtique avec les légendes des selkies, peuple de phoques capables de se transformer en humains en se débarrassant de leur peau. Ces récits parlent le plus souvent d'une selkie sans prétention, contrainte de rester sur la terre ferme. Alors qu'elle se languit de la mer, elle ne peut plus se transformer parce qu'on lui a volé sa peau de phoque. Dans la majorité des contes, la femme selkie finira par retrouver sa peau de phoque et, après une vie d'amour sur terre, elle fera ses adieux et retournera à l'océan. Rappelons-nous avec le phoque que personne ne peut nous voler notre véritable identité et qu'elle ne sera jamais perdue, même si nous nous en écartons pour un temps. Lorsque nous ne sommes pas connectés à notre moi le plus profond, nous ressentons une certaine nostalgie, mais notre « peau de phoque » n'est jamais loin, elle attend toujours qu'on la retrouve. Le phoque nous rappelle l'importance pour notre épanouissement de l'équilibre entre nos mondes intérieur et extérieur.

« Si le phoque entre dans votre vie, vous êtes appelé à plonger à l'intérieur de vous-même pour vous reconnecter à votre âme, retrouver votre peau de phoque et vos vrais objectifs. »

Comment se connecter aux phoques

Relations avec la nature

Le phoque est lié à la fois à la terre et à l'eau. Trouvez un endroit qui réunisse les deux éléments et passez-y un moment.

Statut de l'espèce

Bien que de nombreuses mesures protègent les espèces menacées de phoques, leur nombre reste faible. Dans l'Arctique, la fonte des glaces provoque la séparation des bébés phoques de leurs mères pendant la période de lactation, et une forte mortalité des jeunes de l'espèce. À Hawaï, le manque de nourriture et les filets de pêche dans lesquels ils se retrouvent prisonniers menacent les phoques moines. Comme plusieurs autres animaux marins, le phoque a besoin d'un environnement sans déchets pour ne pas disparaître.

Prise de conscience et activité

Informez-vous sur le changement climatique et ses répercussions sur les phoques et les autres mammifères marins, en particulier ceux qui vivent dans l'Arctique. Ne pouvez-vous pas participer à des activités favorisant leur survie ? Peut-être pourriez-vous ramasser des déchets lors de vos randonnées ou à la plage ?

Méditation

Plongez en vous-même pour chercher vos désirs les plus profonds. Vous ne trouverez peut-être pas tout de suite la peau du phoque qui est en vous, mais vous la découvrirez un jour. Fixez-vous pour objectif d'écrire et de méditer tous les jours jusqu'à ce que vous arriviez à entendre votre voix intérieure.

Exploration créatrice

Réinventez l'histoire d'une selkie en vous mettant dans la peau de l'héroïne. Qu'avez-vous perdu ? Comment l'avez-vous perdu ? Comment l'avez-vous retrouvé ?

La pieuvre

Mystère · Intuition · Ingéniosité

La pieuvre est un invertébré doté d'une grande intelligence, on la trouve dans tous les océans du monde. Chacun de ses huit bras est capable de goûter, de toucher et de se déplacer indépendamment des autres, tandis que son cerveau centralise et contrôle l'ensemble. Ses bras peuvent, et c'est extraordinaire, explorer et résoudre un problème, alors que le reste de la pieuvre est occupé à autre chose. Les pieuvres peuvent changer de forme et de couleur, et se confondre à volonté avec leur environnement. Elles sont réputées pour la construction de petites tanières dont elles protègent l'entrée, avec des pierres, des coquillages ou même des morceaux de verre cassé. Les pieuvres mimétiques peuvent se contorsionner et modifier leur comportement pour prendre l'apparence d'un large éventail d'animaux venimeux et tromper leurs prédateurs. L'encre de la pieuvre peut provoquer une irritation invalidante des yeux chez ses ennemis tout en brouillant temporairement leurs sens de l'odorat et du goût. Leur incroyable fluidité les rend maîtresses dans l'art de la fuite et leur permet de se glisser dans des espaces incroyablement étroits comme de s'en extirper.

La pieuvre nous encourage à nous défaire de notre rigidité, à être plus souples et à exploiter notre capacité à nous frayer un chemin dans le monde. C'est une créature agile et rapide, douée pour le raisonnement abstrait. Comme la pieuvre, nous pouvons appréhender notre monde par le toucher et les sensations, et nous avons la capacité de nous confondre avec notre environnement et de l'imiter si besoin.

« Si la pieuvre s'est glissée dans votre vie, il est temps de vous détendre, de donner libre cours à votre créativité et de faire appel à tous vos sens pour sortir des sentiers battus. »

Comment se connecter aux pieuvres

Activité

Portez quelque chose de nouveau, amusez-vous à changer de silhouette et relevez un défi avec un regard neuf.

Statut de l'espèce

Présentes dans tous les grands océans, les pieuvres sont des animaux solitaires ; la détermination du statut de l'espèce est difficile. On ne pense pas qu'elle soit menacée, mais la multiplication des nuisances sonores dans les océans peut la mettre en danger (forages, moteurs et sonars des navires). Les pieuvres sont également touchées par l'augmentation dans la chaîne alimentaire des polluants d'origine terrestre, phénomène connu sous le nom de « bioaccumulation » : les proies qu'elles ingèrent contiennent des toxines qui remontent ainsi la chaîne alimentaire.

Mouvement

Y a-t-il une partie de votre corps, un système de croyances, une habitude, devenus chez vous raides et figés ? Peut-être passez-vous trop de temps devant les écrans ? Si oui, étirez votre corps, penchez-vous sur votre système de croyances et entreprenez de remplacer une habitude peu intéressante par une autre plus inspirante.

Action

Aidez la pieuvre et les autres animaux marins en réduisant la pollution des océans. N'utilisez que des nettoyants, des détergents et des savons sans phosphate et respectueux de l'environnement, et encouragez votre entourage à rechercher des alternatives aux engrais chimiques qui conduisent à l'accumulation de nutriments dans l'océan et nuisent aux créatures qui y vivent.

MÉDITATION

Trouvez un endroit calme puis réglez un minuteur sur au moins dix minutes. Fermez les yeux et invitez la pieuvre à méditer avec vous. Imaginez-vous plongeant dans son univers. Qu'allez-vous y trouver ? Que va-t-elle vous apprendre ? Consignez dans un journal ou dessinez ici ce que vous aurez découvert.

Le crabe

Rythme · Protection · Sensibilité

Les crabes vivent en eau douce, sur terre et dans tous les océans du monde. Ces créatures flexibles sont le symbole du signe astrologique du Cancer, signe d'eau et quatrième signe du zodiaque dont la planète maîtresse est la Lune. Le Cancer est connu pour sa nature émotive, très sensible et intuitive. La carapace du crabe le protège des prédateurs potentiels et symbolise l'autopréservation. Le crabe a un lien fort avec la Lune : il suit le cycle lunaire pour se débarrasser de son exosquelette. Le crabe reste un court moment vulnérable, avec une carapace molle, jusqu'à ce qu'un nouveau squelette extérieur se forme, aux moments où la lune décroît puis croît à nouveau. Au cours de ces deux phases, il creuse le sol sablonneux pour se mettre à l'abri. Son isolement volontaire symbolise pour nous le besoin de savoir quand nous devons nous retirer pour vivre notre propre introspection.

La famille des crabes présente des disparités considérables d'une espèce à l'autre : le crabe petit-pois ne mesure que quelques millimètres de large, alors que le célèbre crabe araignée du Japon peut atteindre une envergure de 3,5 m. Les crabes sont des créatures fascinantes. Elles peuvent communiquer en tambourinant ou en agitant leurs pinces, et se déplacent le plus souvent latéralement en raison de l'articulation de leurs pattes : elles nous rappellent que tous les chemins ne sont pas rectilignes et étroits.

« Si le crabe arrive dans votre vie, il est temps de prendre du recul et de faire le point sur votre bien-être émotionnel. N'est-ce pas le moment pour vous de sortir de votre coquille et de vous épanouir ? »

Comment se connecter aux crabes

Statut de l'espèce

La liste rouge de l'UICN a récemment estimé qu'environ un sixième des espèces de crabes d'eau douce présentent un risque élevé d'extinction ; seul un tiers d'entre elles ne sont pas menacées. La majorité des espèces menacées vivent dans des habitats soumis à la déforestation, à l'altération des régimes d'écoulement des eaux et à la pollution.

Actions

Protégez l'eau : donnez-vous les moyens d'empêcher la déforestation et localement de stopper la pollution de votre habitat. Chacun de vos gestes aura des répercussions : soyez une couche de protection supplémentaire pour le crabe et les habitats dont il dépend.

EXPLORATION CRÉATRICE

N'abordez pas de front un problème auquel vous êtes confronté. Prenez du recul et considérez-le sous différents angles, différentes perspectives, avant de vous y attaquer à nouveau. Pourriez-vous par exemple aborder le problème en utilisant vos sens ? Ou pourriez-vous le prendre à l'envers et remonter jusqu'à lui en partant de votre objectif ? On appelle « pensée latérale » le fait de réfléchir hors du cadre habituel. Utilisez cet espace pour documenter vos conclusions, jusqu'à ce que vous trouviez une solution.

Relations avec la nature

Réfléchissez aux cycles du crabe, suivez la marche de la lune et accordez-vous à ses cycles. Percevez-vous un changement dans vos émotions ou votre énergie lorsque la lune croît et décroît ? Utilisez cet espace pour écrire ce que vous ressentez lors de la nouvelle et de la pleine lune.

L'ORNITHORYNQUE

Unique · Imprévisible · Énigmatique

L'ornithorynque est l'une des créatures les plus singulières du règne animal, et l'un des deux seuls mammifères à pondre des œufs plutôt que de mettre bas. Il élit domicile dans les zones d'eau douce qui irriguent l'île de Tasmanie et les côtes est et sud-est de l'Australie. Les ornithorynques chassent sous l'eau, où ils se servent pour nager de leurs pattes avant, palmées, comme de pagaïes. Ils se dirigent à l'aide de leurs pattes arrière et de leur queue, semblable à celle du castor. Pour les protéger lorsqu'ils sont sous l'eau, leur fourrure est imperméable, une peau recouvre leurs yeux et leurs oreilles, et leur nez se ferme hermétiquement. Comme ils ne voient pas et n'entendent pas sous l'eau, ils trouvent leurs proies grâce à l'électrolocalisation : des capteurs situés sur le bec leur confèrent un sixième sens qui leur permet de détecter de minuscules champs électriques. Lorsque les ornithorynques trouvent quelque chose d'intéressant, comme des mollusques, des insectes, des larves ou des vers, ils le ramassent avec le bec, le stockent dans leurs abajoues et remontent à la surface. Les ornithorynques n'ont pas de dents, mais seulement des plaques qui leur permettent de broyer leur nourriture avec les graviers qu'ils ont ramassés au fond de l'eau pour en faire des morceaux digestibles.

Les ornithorynques passent la majorité de leur temps à chasser pour se nourrir, et une partie de chasse peut durer de dix à douze heures. Les ornithorynques sont le plus actifs pendant la nuit et le crépuscule, et dorment pendant la journée. Lorsqu'ils ne chassent pas, ils restent dans leur terrier. Sur terre, leur palmure se rétracte pour dévoiler leurs griffes et leur permettre de courir. Les ornithorynques utilisent leurs griffes et leurs pattes pour construire des terriers au bord de l'eau. L'ornithorynque mâle est l'une des rares espèces de mammifères venimeux. Il a, sur la patte arrière, un éperon libérant un venin capable de provoquer une vive douleur. L'apparence singulière de ces mammifères ovipares au bec de canard, à la queue de castor et aux pattes de loutre a déconcerté les naturalistes européens lorsqu'ils les ont découverts ; les premiers scientifiques à avoir examiné un ornithorynque ont cru voir plusieurs animaux cousus ensemble. Tout singulier qu'il soit, et quoi qu'en pensent les autres, l'ornithorynque nous pousse à rester nous-mêmes.

« Quand l'ornithorynque entre dans votre vie, il est temps d'apprendre à vous aimer pour ce que vous êtes et, avant tout, d'accepter votre étrangeté comme vos prétendues imperfections. »

Comment se connecter aux ornithorynques

Méditation

Arrivez-vous à percevoir ou ressentir l'électricité ? Si nous nous accordons avec toutes les choses qui nous entourent, nous pouvons les ressentir avant même de les voir. Évoluez dans votre environnement en vous fiant à votre intuition et à vos sensations, même les plus subtiles, elles vous aideront à vous diriger.

Statut de l'espèce

Le nombre des ornithorynques est en baisse, et en 2016 l'espèce a été répertoriée sur la liste rouge de l'UICN parmi les espèces « quasi menacées ». Le développement urbain et agricole est le principal responsable de la perte d'habitat et de la fragmentation de la population. L'ornithorynque est également sensible aux détritus et aux conséquences de la pollution.

Action

Au nom de l'ornithorynque et des animaux de votre région, portez-vous volontaire pour ramasser des détritus et mettez-vous au défi, vous et votre entourage, d'adopter un mode de vie zéro déchet. Recyclez ou réutilisez autant que possible, et faites de votre mieux pour consommer des aliments locaux.

EXPLORATION INTÉRIEURE

Qu'est-ce qui fait que vous ne ressemblez à personne ou à rien d'autre ? Essayez-vous de cacher votre singularité ou, comme l'ornithorynque, l'acceptez-vous et la célébrez-vous ? Vous êtes unique. Chacun a quelque chose qui le rend spécial. Regardez dans le miroir et au plus profond de vous-même, et dressez une liste de tout ce qui vous rend unique.

L'IGUANE MARIN

Adaptabilité • Immobilité méditative • Profondeur

L'iguane marin est le seul lézard marin au monde et il vit exclusivement sur les îles Galapagos, au large de l'Équateur. On pense que les iguanes marins ont traversé l'océan sur des radeaux de fortune depuis l'Amérique du Sud, il y a dix à quinze millions d'années.

Les iguanes marins font leur nid sur des corniches rocheuses et plongent au fond de l'océan à la recherche d'algues pour se nourrir. Excellents nageurs, ils se déplacent facilement dans l'eau. Ils peuvent plonger jusqu'à vingt mètres de profondeur et passer une heure à fourrager sous l'eau. Le matin, ils prennent un bain de soleil pour absorber la chaleur dont ils ont besoin et avoir l'énergie de nager à nouveau.

On associe ces animaux singuliers à la profondeur, au stoïcisme et à l'immobilité méditative. Les adultes se débarrassent de lambeaux d'une peau qu'ils renouvellent entièrement une fois par an, et nous rappellent qu'il faut se débarrasser de ce qui ne nous va plus. Ils ont un troisième œil au sommet du crâne, appelé « œil pariétal », qui perçoit diverses nuances de lumière et différentes formes pour une conscience plus aiguë. En cas de choc ou de menace grave, l'iguane fait le mort et attend que la situation s'améliore : il nous rappelle que la meilleure chose à faire dans une situation difficile est parfois de se rendre.

« Si cette créature unique se manifeste, c'est pour vous inviter à plonger dans les profondeurs fascinantes et infinies de votre imagination. »

Comment se connecter aux iguanes marins

Relations avec la nature

Passez du temps en bordure d'océan ou à proximité d'un point d'eau douce et découvrez les algues qui s'y trouvent. Profitez de votre immobilité méditative pour vous imprégner du soleil.

Statut de l'espèce

Les iguanes marins sont classés parmi les espèces vulnérables sur la liste rouge de l'UICN. En réduisant leurs ressources alimentaires, El Niño réduit périodiquement les populations d'iguanes, parfois jusqu'à 85 %. Les marées noires ont des effets également dramatiques sur les populations ; elles s'ajoutent à l'introduction de prédateurs étrangers au milieu naturel, comme les chiens et les chats, et à la pollution plastique, notamment celle des microplastiques.

Exploration intérieure

De quoi dois-je me débarrasser ? Y a-t-il une situation à laquelle je dois renoncer ? Quelles réponses la perception consciente me permet-elle d'obtenir ? Ne dois-je pas simplement être ?

Travail sur le rêve

L'eau est associée aux mondes de l'émotion et du rêve. Posez une question à l'iguane avant de dormir, invitez-le à plonger dans les profondeurs du subconscient et à revenir à la surface avec des réponses. Écrivez ou dessinez ce dont vous vous souvenez ou ce que vous ressentez au réveil.

LE DAUPHIN

Communication · Coopération · Compassion

Les dauphins sont des mammifères très sociaux qui communiquent par des cris aigus, des sifflements et des cliquetis. On les trouve dans tous les océans, et certains, comme les dauphins du fleuve Amazone, vivent en eau douce. Ils suivent leurs proies par écholocation, grâce à leurs cliquetis caractéristiques qui réfléchissent les ondes sonores sur les créatures voisines, révélant ainsi leur emplacement, leur taille et leur forme. Les dauphins sont des nageurs gracieux et rapides, célèbres pour leur espièglerie. Ils vivent et se déplacent en bandes appelées « bancs », qui parfois se regroupent entre elles plusieurs minutes ou plusieurs heures pour former des groupes sociaux plus importants. Dans les parties les plus profondes des océans, on a observé des communautés dépassant 1,5 km de long.

Chaque dauphin développe un sifflement qui lui est propre et sera sa signature, comme un nom. Des études ont montré que les dauphins peuvent se souvenir des sifflements de leurs compagnons ou de leurs rivaux pendant une période allant parfois jusqu'à vingt ans. Connus pour leurs dispositions altruistes, les dauphins peuvent venir en aide à leurs congénères blessés en se servant de leur sifflement unique pour appeler au secours et apporter un soutien physique à l'animal affaibli en le ramenant à la surface pour qu'il respire. Certains font le récit de grands dauphins sauvant des humains attaqués par un requin, ou ramenant en pleine mer des baleines échouées.

« Si le dauphin apparaît, il vous invite peut-être à aider ceux qui sont dans le besoin et à exploiter la force et la puissance de la communauté. »

Comment se connecter aux dauphins

Exploration créatrice

Avez-vous, comme le dauphin, un mode de communication préféré ? Privilégiez-vous la communication verbale, non verbale, écrite, ou même visuelle ? Si vous ne cessez d'envoyer des SMS à vos amis et à votre famille, pourquoi ne pas essayer de les appeler ou de leur écrire une lettre ?

Statut de l'espèce

Si les populations de dauphins sont toujours vigoureuses, les menaces sont réelles : prises accidentelles dans les filets de la pêche commerciale, réchauffement des températures océaniques et pollution sonore. Retenus dans les filets, les dauphins ne peuvent plus remonter à la surface pour respirer et se noient. Le réchauffement des températures océaniques lié au changement climatique a entraîné un déplacement des principales sources de nourriture vers des eaux plus profondes et plus fraîches. Quant à l'augmentation de la pollution sonore dans les océans, elle affecte considérablement les dauphins et les baleines, dont la survie dépend de l'acoustique.

Action

Réunissez des amis ou des parents autour d'une cause qui vous est chère : l'union fait la force.

Méditation

Méditez avec les dauphins pour guides en vous imaginant nager dans le groupe puis en dehors. Que ressent-on à se déplacer avec une telle aisance dans des communautés et hors d'elles ? Écrivez ou dessinez votre expérience.

L'HIPPOCAMPE

Prise de conscience · Partenariat · Patience

Doté d'une conscience aiguë, l'hippocampe se déplace lentement, ne se servant de sa queue comme d'une ancre que dans les mers déchaînées. L'animal, patient et persévérant, doit son nom à la créature mythologique gréco-romaine du même nom, moitié cheval et moitié poisson. On retrouve également l'hippocampe dans la mythologie écossaise avec les gravures sur pierre des Pictes qui représentent des kelpies, esprits aquatiques capables de changer de forme.

Les hippocampes sont de petits poissons de la famille des syngnathidés, seule famille animale dans laquelle les mâles, et non les femelles, portent les petits. Les hippocampes mâles portent les œufs de la femelle pendant un mois et demi environ dans une poche caudale, avant de libérer des hippocampes miniatures entièrement formés. Les hippocampes vivent dans les eaux salées tempérées du monde entier, dans des herbiers marins peu profonds, des estuaires, des récifs coralliens et des mangroves, dans le décor desquels ils se fondent pour se protéger. Les hippocampes ont le même partenaire pour la vie. Ils ont des yeux capables de regarder en même temps dans des directions opposées, ce qui leur permet d'avoir simultanément différentes perspectives. Il est fascinant de noter que l'hippocampe de notre système limbique a la forme d'un hippocampe et qu'il joue un rôle majeur dans la navigation spatiale et la mémoire à long terme.

« Si l'hippocampe se manifeste, c'est pour vous encourager à considérer les défis sous tous leurs angles et à adopter de nouvelles manières passionnantes de soutenir ceux que vous aimez. »

Comment se connecter aux hippocampes

Relations avec la nature

Allez marcher dans la nature et accordez une attention particulière aux scènes, aux odeurs et à la forme des plantes ou des arbres des endroits qui vous touchent. Utilisez-les comme repères pour vous orienter puis retrouver le chemin du retour.

Statut de l'espèce

Les récifs coralliens ou les herbiers marins se détériorent, et les habitats de l'hippocampe diminuent. Selon la liste rouge de l'UICN, douze espèces d'hippocampes sont vulnérables quand deux sont en danger ; pour dix-sept autres, les données sont insuffisantes. Renseignez-vous sur l'hippocampe, efforcez-vous de sensibiliser à la cause de ces espèces uniques pour les aider.

Méditation

Pensez à un endroit dans la nature auquel vous vous sentez lié et qui vous attire particulièrement (un parc, un bois, une prairie...). Fermez les yeux et transportez-vous là-bas de la manière la plus vivante possible. Réglez un minuteur sur au moins dix minutes et imaginez-vous en train de vous promener dans ce paysage.

Action

Offrez votre aide aux autres. Faites quelque chose que vous ne feriez pas normalement (un peu de cuisine, du ménage...) pour soulager une personne que vous aimez d'un poids ou de son stress. Consignez ici cette expérience.

LA BALEINE À BOSSE

Conscience · Mystère · Chant de l'âme

La baleine à bosse voyage et chante depuis des millions d'années dans les océans du monde entier. Ce mammifère ancien est le fruit d'une incroyable transformation ; on pense qu'il est le résultat de l'évolution d'un mammifère ongulé, terrestre, ayant vécu il y a 45 millions d'années environ. La baleine à bosse fait partie des baleines à fanons, elle voyage lentement et régulièrement pour parcourir plus de 25 000 km en moyenne par saison. Le chant obsédant des baleines à bosse, émis par les mâles, peut durer des heures et se propager sous la mer sur des kilomètres. On pense que, contrairement aux humains qui respirent de manière involontaire, ces êtres intelligents sont conscients de leur respiration. Pour continuer à respirer lorsqu'ils s'endorment, ils ne coupent qu'une moitié de leur cerveau à la fois, se rapprochant ainsi de la perception consciente et du rêve lucide.

L'eau étant liée au royaume des émotions, aux rêves et à l'inconscient, la baleine porte peut-être le message que quelque chose est prêt à émerger des profondeurs de votre monde intérieur. Cette baleine vous rappelle d'être conscient de votre respiration lorsque vous voyagez en vous. Ces êtres patients prennent leur temps, mais voyagent loin. Y a-t-il un voyage de l'âme que vous êtes prêt à entreprendre ?

« Si ce doux géant entre dans votre vie, ralentissez et écoutez. C'est peut-être le moment de plonger en vous profondément. »

Comment se connecter aux baleines

Relations avec la nature

Rendez-vous à l'océan, au lac ou à la rivière les plus proches et méditez, marchez et chantez. Laissez les sons remonter des profondeurs de votre être.

Statut de l'espèce

Autrefois chassés, ces doux géants ont frôlé l'extinction. L'abattage des baleines à bosse est aujourd'hui illégal, mais l'espèce n'est pas hors de danger.

Actions

Ramassez le plastique et les ordures sur la plage et encouragez vos amis à faire de même. L'impact de l'homme est une menace sérieuse pour ces êtres anciens. Envisagez de réduire ou de supprimer votre consommation de plastique : utilisez des sacs en tissu et renoncez aux pailles en plastique.

ACTIVITÉS

Composez un chant de baleine : inspirez-vous d'exemples que vous aurez écoutés sur YouTube. Apprenez-en davantage sur cette espèce ancienne et notez ici vos découvertes.

Travail sur le rêve

Les rêves révèlent ce qui peut être caché derrière la perception consciente pour nous aider à guérir. Demandez à la baleine à bosse de vous aider à naviguer dans les eaux intérieures et de vous soutenir dans les endroits profonds et sombres de vos rêves. Gardez ce livre près du lit et notez ce dont vous vous souvenez ou ce que vous ressentez au réveil.

Méditation

Écoutez un chant de baleine à bosse pendant que vous méditez, participez à l'immersion sonore ou asseyez-vous simplement pour écouter l'envoûtante mélodie. Écrivez ou dessinez ce qui vous vient à l'esprit.

La rainette

Chant · Nouveau départ · Transformation

Les grenouilles subissent une incroyable métamorphose, passant de l'œuf au têtard puis à l'amphibie entièrement formé. Le mot « amphibie » est dérivé du grec et signifie « deux vies » : les grenouilles en effet peuvent vivre à la fois sur la terre et dans l'eau. Les têtards se nourrissent de microalgues et contribuent à filtrer l'eau pour la garder propre ; les adultes se nourrissent d'insectes comme les moustiques. La caractéristique commune des rainettes arboricoles concerne leurs pattes arrière, le dernier doigt de celles-ci ayant la forme d'une griffe. Puisque les branches et les brindilles des arbres et des plantes de leur habitat doivent supporter leur poids, elles sont généralement minuscules. Leur couleur et leurs motifs varient considérablement. Certaines espèces sont capables de prendre la couleur de leur environnement pour se protéger des prédateurs.

Bien que minuscules, les rainettes ont une voix puissante et lorsqu'elles chantent en chœur, elles peuvent couvrir toute la forêt et les terres où elles vivent. Les scientifiques considèrent ces batraciens comme de bons indicateurs de la situation écologique, car ils sont parmi les premiers touchés par les bouleversements environnementaux. Ils respirent par les pores de leur peau, très sensibles, et sont dépendants de la qualité de la terre et de l'eau.

« Si la rainette entre dans votre vie, il peut être temps de prêter attention aux plus petits et sensibles aspects de votre personnalité et de les laisser s'exprimer. »

Comment se connecter aux grenouilles

Statut de l'espèce

Si elles ont su traverser plusieurs millions d'années, les grenouilles meurent aujourd'hui en quantités impressionnantes : près d'un tiers des espèces amphibies sont menacées d'extinction. Les batraciens sont en déclin partout dans le monde, et leurs groupes sont parmi les plus menacés d'extinction. Exception faite de l'Antarctique, on trouve des rainettes sur tous les continents. La destruction de l'habitat, la pollution et le changement climatique constituent les menaces les plus importantes pour les rainettes. Pour sauver les espèces en voie de disparition à l'état sauvage et dans l'espoir de les réintroduire un jour dans leur milieu naturel, plusieurs refuges et institutions partout dans le monde collaborent aujourd'hui à la création d'une « arche amphibie ».

Exploration intérieure

Êtes-vous sensible aux particularités de votre environnement ? Quelles sont les forces de votre propre sensibilité ? Quelles informations importantes pourriez-vous partager avec les autres à ce sujet ?

Action

Proposez-vous bénévolement en tant que scientifique citoyen pour rechercher et restaurer les zones humides de votre région. Informez votre entourage de la situation critique des grenouilles et des dangers de polluants comme les pesticides. Recherchez des alternatives sûres et partagez vos découvertes avec les autres.

Méditation

Prenez le temps de vous asseoir en extérieur et fermez les yeux. Utilisez la force de votre sensibilité et explorez les informations qui vous parviennent de l'environnement extérieur. Écrivez ce que vous dicte votre monologue intérieur.

LA LOUTRE DE MER

Affection · Coopération · Jeu

La loutre de mer est un mammifère marin du nord de l'océan Pacifique, et l'un des plus grands spécimens de la famille des mustélidés qui comprend aussi la belette. C'est la seule espèce de cette famille à vivre toute sa vie dans l'océan, avec une préférence pour les rivages rocheux et les forêts de kelp. Les loutres de mer se laissent volontiers flotter sur le dos, au gré des courants, et se tiennent souvent la main pour rester liées les unes aux autres mais aussi garder au chaud les coussinets délicats de leurs pattes. Comme elles dorment sur le dos, à la surface de l'eau, elles s'enveloppent souvent dans de gigantesques algues, le kelp, pour éviter de dériver, souci constant de ces animaux. Les petits naissent avec une fourrure emplie d'air qui leur permet de flotter comme des bouchons à la surface de l'eau. Ils sont entièrement dépendants de leur mère pendant les six premiers mois de leur vie.

Ces créatures fourragent pour se nourrir principalement d'invertébrés à carapace dure, notamment d'oursins et de certaines variétés de palourdes, de moules et de crabes. Quand elles plongent pour en faire la collecte, elles cherchent également une grosse pierre pour briser la coquille des proies et accéder à leurs parties molles.

Il existe un équilibre délicat entre s'accrocher à quelque chose et en prendre soin. La loutre de mer nous rappelle d'aimer tout en veillant à nous laisser porter par le courant.

« Si la loutre se manifeste, il est temps de réfléchir à ce qui vous est le plus précieux. Y a-t-il quelque chose dans votre vie qui risquerait de partir à la dérive ? »

Comment se connecter aux loutres

Statut de l'espèce

Aux XVIIIe et XIXe siècles, la fourrure de la loutre de mer était très prisée pour la fabrication de manteaux et de vêtements d'extérieur, et la chasse lui a fait frôler l'extinction. Les scientifiques estiment que sa population totale a atteint des niveaux inférieurs à 1 % de ce qu'elle était avant d'être chassée. Des lois protègent aujourd'hui la loutre de mer dans la majeure partie de son aire de répartition, et un rétablissement de l'espèce a pu être observé au cours des dernières décennies. Les scientifiques estiment toutefois que le déclin des populations se poursuit en raison de la pollution par les hydrocarbures, de la modification des réseaux alimentaires du Pacifique nord et de la perte d'habitat. Ils considèrent que l'espèce est aujourd'hui en danger. Sans le maintien strict de mesures de préservation et de protection juridique, cette espèce charismatique risque de disparaître à jamais.

Relations avec la nature

La vie est un terrain de jeu. Nous n'avons besoin ni de jouets, ni de jeux vidéo, ni de quoi que ce soit d'autre pour trouver la joie. Sortez et amusez-vous, mais en veillant à ne pas déranger les autres créatures. La loutre est à la fois joueuse et prévenante.

Action

Participez à la protection de l'eau sous toutes ses formes et entretenez les rivières ou les océans de votre région (rejoignez éventuellement une association locale de défense de l'environnement) pour que les loutres aient des endroits où aimer, vivre, se détendre et jouer.

Exploration créatrice

Y a-t-il une chose ou une personne à laquelle vous tenez qui risque de partir à la dérive ? Explorez cette idée. À quoi vous raccrochez-vous le plus ? Écrivez une lettre, passez un coup de fil à une personne, passez du temps avec un animal ou dans un lieu qui vous est cher pour renforcer vos liens. Collez ici des photos du lieu, de la personne ou de l'animal. Si le cœur vous en dit, dessinez-les.

La tortue

Pleine conscience · Sagacité · Ralentissement

Les tortues ont une espérance de vie très longue, et elles constituent l'un des groupes de reptiles les plus anciens sur terre. On estime que l'une des raisons pour lesquelles elles vivraient si longtemps serait leur lenteur, qui les préserverait du vieillissement lié au rythme effréné des vies que nous menons. La tortue géante des Galapagos est l'espèce qui vit le plus longtemps. Cette créature pacifique à la carapace lourde et encombrante peut vivre plus de cent ans.

Si beaucoup de tortues passent une grande partie de leur vie sous l'eau, toutes respirent de l'air et doivent remonter à la surface à intervalles réguliers pour en remplir leurs poumons. Grâce à un métabolisme lent, elles peuvent survivre pendant de longues périodes sans eau ni nourriture, et sont donc privilégiées dans des conditions de vie difficiles. Dans des fables comme *Le Lièvre et la Tortue*, la tortue incarne une sagesse tranquille et constante : elle nous invite à ralentir et à réfléchir. Lorsque nous nous précipitons, obsédés comme le lièvre par l'idée d'être « les premiers », nous gaspillons souvent une énergie précieuse. La manière dont vous utilisez votre énergie est-elle sage ? Ne courrez-vous pas ici et là en gaspillant votre temps ? La tortue nous demande de réfléchir à nos motivations profondes et d'avancer en pleine conscience.

« Si la tortue se manifeste, il est temps de prendre du recul sur la manière dont vous utilisez votre énergie. »

Comment se connecter aux tortues

Action

Renseignez-vous sur les espèces de tortues de votre région. À quels défis sont-elles confrontées ? Contribuez à les protéger en boycottant les produits fabriqués à partir d'écaille de tortue véritable (souvenirs ou bijoux) qui menacent d'extinction la magnifique tortue à écaille.

Statut de l'espèce

Sur les 360 espèces connues de tortues, beaucoup sont en danger critique d'extinction. Sur les sept espèces de tortues de mer qui vivent dans les eaux territoriales des États-Unis, six sont considérées par l'UICN comme vulnérables, en danger ou en danger critique d'extinction.

Relations avec la nature

Prenez un jour, même une semaine, pour évoluer dans le monde avec lenteur et regarder la terre qui vous entoure du point de vue d'une tortue. Remarquez les détails, les textures, les couleurs. Abordez les choses délibérément et calmement. Que ressent-on à se mouvoir lentement et en pleine conscience ? Rencontrez-vous une résistance ou de l'impatience ? Si tel est le cas, consignez-le dans un journal et cherchez à en comprendre les raisons. Si vous appréciez l'exercice, répétez-le pour en faire éventuellement une pratique régulière.

Exploration créatrice

Accordez-vous le temps de prendre du recul et de ralentir. Dessinez ou écrivez sur toutes vos activités (travail, loisirs, sports). Lesquelles sont réellement importantes ? Où pouvez-vous trouver plus de calme, de constance et d'espace ?

Atteignez de nouveaux sommets avec les créatures à plumes qui se déplacent avec le vent, par exemple l'aigle, la chouette ou l'albatros, et découvrez la puissance et l'importance de petites créatures comme le bourdon ou d'alliés incompris comme la chauve-souris.

3 Les animaux de l'Air

LE PAPILLON

Transformation · Confiance · Lâcher-prise

Le papillon nous enseigne que la croissance et la vraie beauté ne peuvent survenir qu'au prix d'une inévitable bataille. Le changement n'est jamais chose aisée, et aucun insecte ne subit une transformation plus complète ni accomplie que le papillon. Au stade de la chrysalide, la chenille se liquéfie et abandonne son ancienne identité, avant que des ailes ne lui poussent et qu'elle devienne papillon. Elle devra se débattre pour sortir du cocon et, ce faisant, acquerra la force de voler.

Une fois les papillons libérés de leur chrysalide, peu de créatures peuvent rivaliser de beauté avec eux. En revanche, leur vie est éphémère et nous rappelle que le temps et la vie sont précieux. Nous sommes perdants lorsque nous restons à l'abri dans notre cocon. Il est temps d'affronter l'inévitable bataille qui nous permettra de découvrir les merveilles du monde, d'ouvrir nos ailes et de voler.

Les papillons sont de précieux pollinisateurs sur tous les continents, sauf l'Antarctique, et de bons indicateurs d'un écosystème sain. De nombreuses espèces migrent sur de longues distances, favorisant la dissémination du pollen entre des familles de plantes très éloignées les unes des autres. L'« effet papillon » fait référence à ce rôle des papillons et aux réactions en chaîne que déclencheront leur présence ou leur absence dans la toile de la vie.

Soyez à l'écoute de vous-même et réfléchissez au pouvoir de vos actions, ou inactions, pour créer un effet papillon. L'heure n'est-elle pas venue de laisser tomber vos vieilles croyances ?

« Si cette créature entre dans votre vie, vous pourriez être à l'aube d'une profonde transformation personnelle. »

Comment se connecter aux papillons

Statut de l'espèce

Il existe de nombreuses espèces de papillons à travers le monde. Beaucoup d'entre elles sont classées par l'UICN parmi les espèces en danger.

Prise de conscience

Intéressez-vous aux effets négatifs des activités humaines sur les papillons du monde entier. L'utilisation de pesticides et la perte des habitats naturels affectent les ressources en nourriture de ces insectes magnifiques.

Méditation

Nous traversons tous des périodes de changement et de développement personnel. Quel changement profond êtes-vous en train de vivre ? Méditez et réfléchissez au processus de transformation et métamorphose.

Relations avec la nature

Plantez des fleurs sauvages locales, elles sont essentielles aux papillons. Aux États-Unis, le papillon monarque compte par exemple sur le laiteron, que les pesticides sont en train de faire disparaître. Effectuez quelques recherches et aidez à créer davantage de beauté dans le monde, en plantant des fleurs et en offrant à ces magnifiques créatures un habitat dans lequel elles puissent voler.

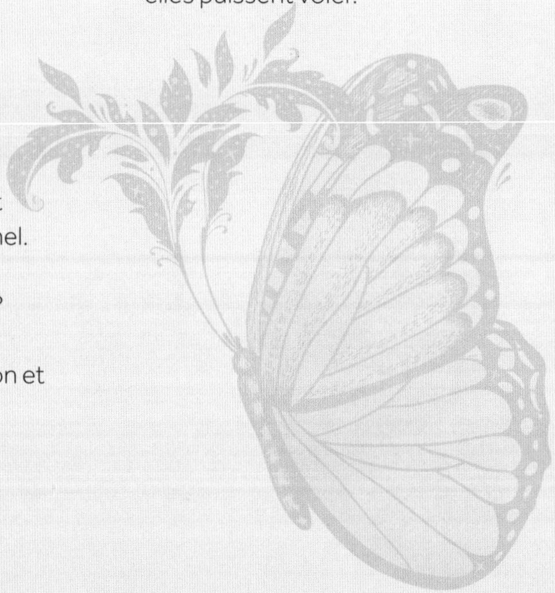

Exploration créatrice

Dessinez vos propres ailes de papillon, hautes en couleur, en pensant à votre transformation. Où vous mèneront-elles ?

LA CHOUETTE (OU LE HIBOU

Navigation · Présence · Connaissance intérieure

La chouette (ou le hibou) est maîtresse dans l'art de manœuvrer dans l'ombre et peut nous aider à naviguer dans les royaumes invisibles. Sage et vigilante, elle nous apparaît lorsqu'une transition est proche. En Europe centrale et en Europe de l'Ouest, on pensait au Moyen Âge que les prêtresses et les sorciers pouvaient se transformer en chouettes. À la cour du roi Arthur, le légendaire Merlin est souvent représenté avec pour compagnon fidèle une chouette. Dans le bouddhisme, la chouette est l'ennemie de l'ignorance et elle aide à révéler la connaissance cachée dans l'obscurité. Dans la mythologie grecque, la chouette est sacrée pour Athéna, déesse grecque du savoir.

Ces oiseaux prédateurs ont des yeux extrêmement grands et contrairement aux autres espèces d'oiseaux, positionnés sur le devant de la tête. Par conséquent, ils doivent la faire pivoter pour observer leur environnement – ils sont capables de la tourner à 270 degrés. Dans le règne animal, ils rivalisent avec les chats pour ce qui est de la qualité de la vision nocturne. Les chouettes ou les hiboux possèdent des plumes particulières qui leur permettent de voler presque silencieusement. Ils localisent leurs proies avec une grande précision grâce à leurs oreilles extrêmement sensibles. On voit souvent les chouettes ou les hiboux chasser dans des endroits sinistres et déserts, comme les cimetières. Plutôt que de construire leur propre nid, la plupart des chouettes s'approprient les nids abandonnés par d'autres oiseaux ou animaux. Elles résident dans des granges, des bâtiments abandonnés ou des arbres creux.

« Si la chouette se manifeste, il est peut-être temps pour vous d'affronter vos ombres, intérieures et extérieures. »

Comment se connecter aux chouettes

Statut de l'espèce

On recense 134 espèces de chouettes et de hiboux dans le monde. Le grand-duc d'Europe est le plus grand de ces rapaces, la chouette elfe la plus petite. L'impact de l'homme et la déforestation ont entraîné le déclin de nombreuses populations de chouettes ou hiboux.

Relations avec la nature

Asseyez-vous dehors dans l'obscurité avec un proche et laissez vos sens s'adapter. Découvrez le cri des chouettes et des hiboux qui vivent près de chez vous (enregistrez-les éventuellement avec votre téléphone portable). Si vous vivez en ville, renseignez-vous sur les chouettes et les hiboux qui vivent à proximité. Gardez à l'esprit qu'ils sont facilement effrayés par les humains et qu'ils peuvent abandonner leur nid et leurs petits si vous vous approchez trop.

Action

Construisez des maisons pour les chouettes et les hiboux : la perte d'habitat est responsable du déclin de certaines espèces. Les défenseurs de l'environnement encouragent ainsi à créer des structures de nidification et de perchage, particulièrement appréciées des chouettes effraies.

Méditation

Méditez dans le noir et demandez-vous quelle sagesse intérieure est prête à être dévoilée. Laissez la chouette vous guider et écrivez tout ce que vous découvrirez ensemble.

L'AIGLE

Assurance · Intensité · Perspective

Les aigles sont les plus grands prédateurs du monde aérien. Avec leur vue perçante, ces grands oiseaux peuvent voir quatre fois plus loin que les humains et détecter le mouvement d'une proie à plus de trois kilomètres de distance. Ils sont capables de voler à plus de 55 km/h avec des pointes à plus de 160 km/h lorsqu'ils fondent sur une proie. Ces oiseaux fiers construisent leur nid dans de grands arbres ou sur de hautes falaises desquels ils peuvent voir loin, avec une vue d'ensemble qui ne les empêche pas de distinguer les détails. Certains aigles migrent ; d'autres restent dans leur aire de répartition tout au long de leur vie. Si tout va bien, les aigles peuvent vivre entre trente-cinq et quarante ans à l'état sauvage. Pour se nourrir, ils chassent pendant la journée au-dessus d'étendues d'eau ou de terre, généralement à partir d'un perchoir élevé, et descendent en piqué sur des proies qu'ils saisissent à l'aide de leurs serres acérées. La femelle est plus grande que le mâle.

Il y a des aigles partout dans le monde ; la plupart vivent en Europe, en Asie et en Afrique. On n'en recense que deux espèces en Amérique du Nord et quelques-unes en Amérique centrale, en Amérique du Sud et en Australie. Si l'aigle à tête blanche est le plus connu aux États-Unis parce qu'il est l'emblème du pays, l'aigle le plus puissant de la région est l'aigle royal qui est l'oiseau de proie le plus grand d'Amérique et l'emblème du Mexique. On trouve aussi ces magnifiques oiseaux en Asie, en Afrique du Nord et en Europe. Les couples d'aigles royaux ont des territoires qui peuvent atteindre 155 km². Ils sont monogames et peuvent rester avec leur partenaire plusieurs années, voire toute une vie.

Pendant plusieurs décennies, l'aigle a été chassé pour la pratique sportive ou pour protéger, à tort, le bétail et les zones de pêche. Aujourd'hui, les mesures de protection se sont multipliées et ces oiseaux magnifiques reviennent en force. Avec le soutien de l'aigle, nous pouvons regarder loin vers l'avenir, voir ce qui nous attend tout en restant concentrés sur nos objectifs. Dans notre quête, la conscience aiguë de l'aigle nous aide à contourner les obstacles qui peuvent se trouver sur notre chemin.

« Quand l'aigle plane dans votre vie, il est temps pour vous de vous élever au-dessus des détails et d'orienter votre conscience vers une vision à long terme et une perspective globale. »

Comment se connecter aux aigles

Méditation

Imaginez-vous vous élever au-dessus d'un problème ou au-dessus de votre vie. Faites un zoom arrière : que voyez-vous ? Quel élément important s'en détache et attire votre attention ? En quoi votre perspective change-t-elle ? Prenez le temps de consigner dans un journal ce que vous découvrez.

Statut de l'espèce

L'être humain représente une menace pour l'aigle : modification de son habitat, persécution, empoisonnement (souvent dirigé contre d'autres espèces), chocs avec des objets de fabrication humaine et croissance démographique. En conséquence, les aires historiques du rapace ne lui correspondent plus, aussi bien sur le plan de l'habitat que sur celui de la disponibilité des proies. Si plusieurs mesures de protection ont permis le retour en force de certaines espèces partout dans le monde, d'autres restent sur la liste des espèces vulnérables (circaète de Beaudouin, serpentaire du Kinabalu) ou en danger d'extinction (serpentaire de Madagascar).

Relations avec la nature

Randonnez au sommet d'une montagne ou grimpez à un arbre pour vous aligner sur la perspective de l'aigle. Regardez loin. Respirez profondément et prenez de la distance par rapport aux détails de la vie quotidienne. Considérer une situation ou un problème difficiles avec du recul aide à mettre les événements en perspective.

Action

Encouragez votre entourage à préserver les grands arbres, en particulier autour de l'eau, comme perchoirs et sites de nidification. Les aigles aiment les grands arbres, vieux ou morts, sur lesquels ils peuvent se percher et avoir une vue dégagée. Protégez les zones d'hivernage et de nidification en veillant à les garder intactes. Attention : le contact humain peut entraîner l'abandon du nid.

Exploration créatrice

Dessinez, du point de vue de l'aigle, un défi à relever dans votre vie. À quoi ressemble le paysage ? Y a-t-il quelque chose qui mérite d'être réorganisé pour que se manifeste votre vision ? Si tel est le cas, dessinez une autre carte qui représente le futur que vous voulez créer.

LE COLIBRI

Joie · Rayonnement · Souvenir

On pourrait dire des colibris que lorsqu'ils sont en groupe, ils forment un bouquet scintillant ou chatoyant. Avec leurs plumes irisées et leurs couleurs étincelantes, les colibris ressemblent à des joyaux volants. Ils sont capables de voler vers l'avant, vers l'arrière et même la tête en bas. En comparaison avec la taille de leur corps, leur cerveau est plus grand que celui de toute autre espèce d'oiseau. Ces pollinisateurs astucieux ont une hypertrophie de l'hippocampe, la région du cerveau responsable de la mémoire spatiale, dont ils se servent pour se rappeler chaque fleur d'un vaste territoire essentiel à leur survie. Leur métabolisme élevé les rend vulnérables à la famine, et certaines espèces comme le colibri à gorge rubis brûlent leur énergie si rapidement qu'ils doivent consommer plus que leur propre poids en nectar et en insectes chaque jour pour rester en vie. C'est la raison pour laquelle ces petits oiseaux, généralement solitaires, ont un instinct très territorial. Dans des conditions défavorables, lorsqu'ils ne trouvent pas de nourriture, les colibris peuvent entrer dans un état de léthargie comparable à l'hibernation des mammifères, au cours duquel leur métabolisme ralentit considérablement.

Ces somptueuses créatures joueront dans des bains d'oiseaux peu profonds, voleront dans la brume ou se frotteront aux feuilles mouillées après la pluie.

« Si le colibri entre dans votre vie, il est temps d'accueillir et de célébrer la joie et la beauté du monde naturel : dansez sous la pluie ou imprégnez-vous de la lumière du soleil. »

Comment se connecter aux colibris

Statut de l'espèce

S'ils sont connus dans le monde entier, on ne trouve les colibris qu'en Amérique du Nord, en Amérique du Sud, en Amérique centrale et dans les îles des Caraïbes. Ils constituent la deuxième plus grande famille d'oiseaux au monde, avec 338 espèces estimées. Selon une analyse de BirdLife International, près de 10 % d'entre elles sont aujourd'hui menacées d'extinction.

Actions

Les colibris ne sont pas présents sur le continent européen, mais vous pouvez créer davantage de beauté et aider les oiseaux, abeilles et papillons de votre région en plantant des fleurs locales qui leur fourniront une nourriture naturelle. Si vous leur mettez de l'eau sucrée à disposition, n'ajoutez pas de colorants alimentaires comme le font certains, car c'est toxique pour les oiseaux.

Relations avec la nature

Regardez le monde du point de vue du colibri et orientez-vous en utilisant des fleurs ou d'autres marqueurs naturels de beauté : un petit ruisseau, un bel arbre, une pluie brumeuse.

Exploration créatrice

Apportez plus de joie et de douceur dans votre vie. Faites une liste de toutes les activités, personnes et expériences qui vous remplissent de joie. Gardez la liste à portée de main et entreprenez au moins une chose de votre liste chaque jour.

La luciole

Étincelle intérieure · Magie · Émerveillement

Les lucioles sont des coléoptères dont les jeux magiques de lumière fascinent. Les éclairs de lumière que nous voyons sont le langage amoureux des lucioles. Les lucioles mâles émettent en vol un signal lumineux particulier, dans l'espoir qu'une femelle leur réponde. La femelle attend dans l'herbe ou un buisson, et si elle aime ce qu'elle voit, elle y répondra en émettant son propre jet de lumière. On recense plus de 2 000 espèces de lucioles dans le monde entier, sur tous les continents à l'exception de l'Antarctique. Chaque espèce possède son propre langage lumineux et ses propres signaux. Ces insectes sont très variés, et plusieurs espèces peuvent partager un même habitat. Il est probable que différentes espèces volent autour de nous pendant les mois chauds de l'été. Si les régions tempérées associent le scintillement des lucioles à l'été, il existe une espèce nord-américaine active en hiver, mais qui n'émet pas de lumière : ces lucioles se cachent dans l'écorce des arbres où elles passent globalement inaperçues.

Cet insecte symbolise notre lumière intérieure, il nous dit que le remède, c'est d'être vu. Enchanteresses, les lucioles nous incitent à faire la paix avec l'obscurité, car c'est seulement dans l'obscurité que nous voyons les étoiles.

« Quand la luciole illumine votre vie, il est temps de briller. »

Comment se connecter aux lucioles

Relations avec la nature

Si des lucioles sont présentes dans votre région, observez attentivement leurs scintillements exceptionnels et essayez d'identifier le langage des différentes espèces.

Statut de l'espèce

Comme la plupart des insectes, les lucioles sont menacées par l'utilisation des pesticides et la pollution lumineuse. Le Center for Biological Diversity fait tout son possible pour que les espèces menacées d'extinction, la luciole de Bethany Beach par exemple, obtiennent la protection dont elles ont besoin pour ne pas disparaître.

Action

Faites tout ce qui est en votre pouvoir pour interdire l'utilisation des pesticides dangereux – écrivez des lettres aux représentants de votre région, privilégiez les produits biologiques – et laissez-vous guider par ce qui vous tient à cœur. Faites-vous entendre et soyez visibles.

Méditation

Programmez un minuteur et passez dix minutes, ou plus, dans le noir pour découvrir votre étincelle intérieure. Puis inspirez et imaginez votre lumière intérieure se répandre. Restez assis malgré l'agitation ou l'inconfort. Lorsque votre minuteur retentit, écrivez ce que vous avez découvert et qui vous fait briller.

LE BOURDON

Douceur · Attirance · Dévouement

Les bourdons passent leur vie à créer de la douceur et de la beauté. Une bouchée sur trois de ce que nous mangeons repose sur les pollinisateurs, et parmi eux les bourdons sont particulièrement importants. Ces adorables insectes duveteux ont de petits nids, quelque peu désordonnés, dans lesquels vivent de 50 à 500 individus. Contrairement aux abeilles domestiques, les bourdons n'existent qu'à l'état sauvage et ils construisent généralement leurs ruches près du sol, sous des feuilles mortes, un tas de bois, du compost, ou dans des trous de souris abandonnés. Après la dure saison des pollinisations, la colonie tout entière meurt, à l'exception de la reine qui hiberne pendant l'hiver avant de fonder une nouvelle colonie au printemps. Il est donc important de laisser des zones un peu sauvages dans les cours, les parcs et les jardins. Si une seule reine meurt, une colonie entière est potentiellement perdue.

Seules les ouvrières sortent pour collecter le nectar et le pollen ; les mâles, eux, nettoient et gardent le nid. Ils ne sortiront que bien plus tard pour fonder des colonies avec de nouvelles reines. Seule la femelle bourdon possède un dard, et elle est si douce qu'elle ne piquera que si elle se sent menacée ou vraiment dérangée. Elle préviendra avant, en levant une patte médiane qui voudra dire : « Arrière ! » Après tout, elle a beaucoup de travail. La femelle peut piquer plus d'une fois : son aiguillon n'a pas de harpon, elle ne peut donc pas le laisser derrière elle. Comme le travail du bourdon réclame beaucoup d'énergie, il peut arriver qu'il se repose dans une fleur ou ses environs. Si vous voyez un bourdon inerte, il n'est pas forcément mort : il fait peut-être juste une sieste !

Les bourdons ne produisent que peu de miel, juste assez pour résister à quelques jours de mauvais temps. Ils doivent donc butiner très régulièrement pour survivre. Aujourd'hui, la perte de leur habitat et l'utilisation excessive des pesticides les obligent à travailler plus dur que jamais pour trouver de la nourriture et un abri. Nous pouvons aider les bourdons en réhabilitant les espaces sauvages et en créant plus de beauté.

« Si le bourdon vient bourdonner dans votre vie, il vous demande de planter des fleurs, de prendre soin des petits espaces et de cultiver votre beauté naturelle. »

Comment se connecter aux bourdons

Action

Pour attirer les bourdons et les abeilles de votre région, songez à planter des espèces végétales vivaces locales sans utiliser de pesticides. Comme les bourdons peuvent voler à des températures plus fraîches et dans des conditions de luminosité plus faibles que les abeilles, organisez votre jardin pour que la saison de floraison perdure. Beaucoup de plantes, parmi lesquelles le trèfle, la verge d'or, le pissenlit et le chardon, que les humains considèrent comme des mauvaises herbes, constituent une source de nourriture importante pour les bourdons. Aidez à changer la perception de ces fleurs pour que les bourdons puissent s'y épanouir. Offrez-leur des sites de ponte en laissant une partie de votre jardin un peu sauvage. Ne la tondez pas, ne la ratissez pas afin que la nouvelle reine ait un endroit où hiberner puis établir, au printemps, une nouvelle colonie.

Statut de l'espèce

On trouve plus de 255 espèces de bourdons à travers le monde, mais beaucoup d'entre elles figurent sur la liste rouge de l'UICN parmi les espèces en danger, vulnérables ou quasi menacées. Aux États-Unis, le bourdon à pattes rousses est la première espèce sauvage à avoir bénéficié d'une protection fédérale en vertu de la loi sur les espèces menacées.

Activité

Notez dans cet espace toutes les fleurs qui vous entourent et apprenez à les identifier. Lesquelles sont en fleur ? De quelles espèces s'agit-il ? Fixez-vous comme objectif de planter davantage de fleurs sauvages, le moment venu, et d'encourager vos voisins à faire de même.

Le corbeau

Mystère · Assurance · Sagesse ésotérique

Le corbeau est un messager de mystère et de sagesse ésotérique. Cet oiseau omniprésent coexiste avec l'être humain depuis des milliers d'années. Son ingéniosité, sa capacité d'adaptation et son régime alimentaire varié ont contribué à la pérennité de l'espèce. Le corbeau est joueur et audacieux. À terre, il marche d'un pas assuré ; en vol, il peut faire des roulades et des culbutes, voler la tête en bas ou plonger pour attraper des objets en plein ciel. Dans de nombreux mythes, les corbeaux ont la réputation d'être de sages escrocs incapables de garder un secret.

Dans la mythologie amérindienne, le corbeau a apporté au monde la lumière et le feu. Pour la cosmologie de certaines peuplades russes, un esprit-corbeau comparable, Kutkh, a apporté la lumière, l'eau, le langage et l'artisanat, mais il peut aussi être voleur. On associe le symbole du corbeau au héros gallois Bran le Bienheureux, détenteur de la mémoire et de la sagesse ancestrales, dont le nom désigne le corbeau. Le dieu scandinave Odin était accompagné de deux corbeaux qui parcouraient chaque jour les terres et revenaient lui raconter tout ce qu'ils avaient vu.

« Quand le corbeau vole dans votre vie, il est temps d'embrasser le mystère et de voyager courageusement dans l'inconnu. »

Comment se connecter aux corbeaux

Statut de l'espèce

Les corbeaux sont présents partout dans le monde. Leurs populations se portent bien et semblent même augmenter.

Méditation

Déplacez-vous dans l'espace et dans le temps. Fermez les yeux et visualisez un compagnon corbeau. Envoyez-le voler dans votre passé puis dans votre futur, ensuite laissez-le revenir dans le présent. Quelle sagesse ou quelle information importante a-t-il trouvées ?

Relations avec la nature

Entraînez-vous à distinguer les corbeaux des corneilles grâce à leurs cris. Écoutez attentivement. On dit souvent que le cri du corbeau est un croassement profond et creux, alors que celui de la corneille est un craillement. La forme de leur queue est également différente, et le corbeau a un bec beaucoup plus proéminent et fait environ deux fois la taille de la corneille !

Exploration créatrice

Inspirez-vous des mythes anciens sur le corbeau et écrivez un poème ou une histoire.

L'ALBATROS

Endurance · Loyauté· Partenariat

Les albatros sont des oiseaux de mer capables de parcourir plus de 16 000 km en un seul voyage. Ils s'aident du vent pour survoler les immensités océaniques des heures durant sans se reposer. Leur envergure est la plus grande de tous les oiseaux, atteignant parfois jusqu'à 3,5 m. Ils peuvent atteindre 80 km/h en vol et faire le tour du monde en 46 jours seulement. Il est rare de voir ces oiseaux sur la terre ferme, et ils ne se réuniront que pour se reproduire, formant alors de grandes colonies sur des îles lointaines.

La fidélité des albatros est légendaire, et ils mettent du temps à choisir un partenaire. Pour trouver le bon, ils se livrent à des parades élaborées, des danses et des chants comportant des cris, des claquements de bec et de gracieuses positions des ailes. Au départ, ces danses ont lieu en petits groupes, puis le nombre des oiseaux diminue progressivement jusqu'à ce que chacun ne danse plus qu'avec un seul partenaire. Quand l'albatros a trouvé sa moitié, il se blottit contre elle et les deux partenaires se lissent l'un l'autre tendrement les plumes. La plupart des albatros n'auront plus d'autre partenaire, même si l'un des deux meurt. Un couple produira un seul œuf dont chacun s'occupera à tour de rôle.

Ces oiseaux incroyables surmontent des obstacles considérables pour trouver ou retrouver leur partenaire, nous montrant que l'amour peut rester fort malgré la séparation.

« Si l'albatros vole dans votre vie, il vous invite à réfléchir à ce pour quoi et ceux pour qui vous vous engagez le plus, et à prendre soin de ces liens pour qu'ils soient plus forts et plus sains. »

Comment se connecter aux albatros

Statut de l'espèce

L'albatros aura survécu 50 millions d'années environ : aujourd'hui, les vingt-deux espèces figurent toutes parmi les oiseaux les plus menacés au monde. Huit sont en danger critique d'extinction, neuf sont vulnérables et les cinq autres seront probablement bientôt en danger, selon l'UICN. La pêche et le plastique sont les principaux problèmes de l'albatros. Il ne peut plonger à la recherche de calmars ou d'œufs de poissons que dans les premiers mètres de l'océan et tombe souvent sur le plastique qui flotte également à la surface. Les albatros de Laysan sont tout particulièrement attirés par le plastique et l'ingèrent, le confondant avec de la nourriture. Ils retournent ensuite au nid et donnent à leurs petits... des bouchons de bouteilles, des boutons ou d'autres déchets. Les petits meurent de faim, l'estomac rempli de plastique.

Méditation

Explorez les courants d'énergie de votre vie. Les laissez-vous vous porter ? Si oui, vous amènent-ils à la destination souhaitée ? Vous aimeriez peut-être vous mettre à la méditation ou adopter un comportement alimentaire plus responsable, mais vous n'arrivez pas à vous défaire de vos vieilles habitudes ? Si vous avez des difficultés à atteindre un objectif nouveau, essayez d'avancer à contre-courant ou de changer de méthode, voire d'emprunter un chemin différent.

Actions

La pollution des mers vient principalement des déchets qui ont été déposés sur la terre ferme. Vous pouvez aider l'albatros en recyclant et en favorisant les produits réutilisables plutôt que le plastique jetable. Moins de plastique sur terre signifie moins de plastique dans l'océan !

Relations avec la nature

Prenez un jour, une semaine ou même un mois pour vous mettre au diapason du vent. Observez et apprenez à déterminer la direction de la brise. Vient-elle du nord, du sud, de l'est ou de l'ouest ? Où vous mènerait-elle si vous pouviez voler comme l'albatros et aller où bon vous semble ? Racontez votre voyage.

LA CHAUVE-SOURIS

Perception aiguë · Initiation · Renaissance

Les chauves-souris sont en phase avec les périodes liminales du crépuscule et de l'aube, lorsque le jour devient nuit et que la nuit devient jour. Ces mystérieux mammifères dorment la tête en bas dans les arbres, les crevasses rocheuses, les grottes ou certaines constructions pendant la journée, et elles se réveillent au crépuscule pour se mettre au travail. Grâce aux sons, les chauves-souris voient tout (sauf la couleur) : elles peuvent détecter sans lumière les moustiques dont elles se nourrissent ou des objets aussi discrets que des toiles d'araignée. Certaines espèces attrapent jusqu'à 600 moustiques en une heure. Et si de nombreuses chauves-souris sont insectivores, d'autres mangent des fruits et pollinisent des espèces comme la mangue, la banane et l'agave. La pollinisation des fleurs et la dispersion des graines de certaines plantes tropicales dépendent exclusivement des chauves-souris.

Pour leur taille, les chauves-souris sont les mammifères avec le taux de reproduction le plus bas au monde. En moyenne, une femelle n'élève qu'un seul petit par an. Ces créatures sont essentielles, mais comme elles ne se montrent que la nuit et suscitent des peurs injustifiées, elles bénéficient rarement du crédit qu'elles mériteraient pour leur dur labeur. À partir de maintenant, quand vous apercevrez une chauve-souris au crépuscule, pensez à la remercier et réfléchissez à vos talents cachés.

« Si la chauve-souris vous fait signe, il est peut-être temps d'accueillir le pouvoir de guérison des ténèbres et de réveiller la puissance de vos sens. »

Comment se connecter aux chauves-souris

Méditation

Fermez les yeux et mettez-vous au diapason des sons délicats qui vous entourent. Imaginez que vous utilisez le son et la perception extrasensorielle pour évoluer dans votre environnement.

Statut de l'espèce

Il existe de nombreuses espèces de chauves-souris dans le monde. Certaines, dont la roussette, sont menacées, le plus souvent par les pesticides, la présence humaine et la perte d'habitat.

Action

Si vous êtes envahi par les moustiques, essayez de construire un hôtel à chauve-souris pour qu'elles vivent à proximité.

Relations avec la nature

Renseignez-vous sur le rôle des chauves-souris dans votre écosystème. Savez-vous les repérer ? Sortez à la tombée de la nuit et observez leur comportement.

Exploration créatrice

Cherchez et dessinez les différents fruits ou fleurs pollinisés par la chauve-souris. Lorsque vous mangez une mangue ou utilisez de l'agave comme édulcorant, imaginez les chauves-souris qui ont contribué à les faire pousser.

Exploration intérieure

Avez-vous l'impression d'être invisible ? Aimeriez-vous être reconnu pour quelque chose qui vous semble avoir été négligé ? Écrivez ici ce que vous ressentez sur ces questions.

LA LIBELLULE

Imagination · Vision · Transcendance

Les libellules existent depuis plus de 300 millions d'années, ce qui en fait l'une des espèces d'insectes vivants les plus anciennes au monde. On appelle « naïade » la larve de la libellule. À l'éclosion de l'œuf, elle n'a aucune ressemblance avec la silhouette de l'adulte. Les naïades vivent dans les étangs et les marais, elles peuvent muer jusqu'à douze fois selon les espèces et vivre jusqu'à quatre ans. Un jour, elles sortent de l'eau et perdent une dernière fois leur peau pour s'envoler vers le ciel : elles sont devenues des libellules adultes. Sous cette nouvelle et magnifique forme, elles se déplacent avec grâce et sont capables de voler vers l'avant, vers le haut, vers l'arrière, et de faire du surplace comme un hélicoptère. Elles peuvent aussi attraper leurs proies en vol en les saisissant de leurs pattes.

La plupart des espèces de libellules peuvent voir des couleurs que l'être humain ne voit pas, les ultraviolets par exemple. Avec leurs reflets éclatants, irisés ou argentés, les libellules sont souvent associées aux domaines du rêve et de la magie. Dans la pratique chinoise du feng shui, placer des statues de libellules dans les maisons favorise de nouvelles perspectives et des changements positifs ; dans certaines traditions spirituelles, la libellule agit comme messager entre les mondes. Les libellules sont les symboles de transformations profondes. Elles nous inspirent pour opérer les changements nécessaires à la réalisation de notre véritable potentiel tout en gardant le cap.

« Si la libellule apparaît, il est temps de vous éveiller à votre propre magie. »

Comment se connecter aux libellules

Statut de l'espèce

Si les libellules sont présentes sur tous les continents (à l'exception de l'Antarctique), la disparition des habitats humides menace partout leurs populations. La majorité des espèces vivent dans les zones tropicales et ont été peu étudiées. Avec la disparition des forêts tropicales et la destruction de leurs habitats, beaucoup de ces espèces risquent donc de s'éteindre avant même d'avoir été répertoriées. La déforestation, et avec elle le tarissement des cours d'eau ou le comblement des mares par le limon, est la principale cause de leur déclin.

Méditation

Si vous aimez méditer, essayez, lors d'une séance, de visualiser une libellule. Concentrez-vous sur la beauté de ses ailes irisées et sur les transformations magiques dont elle est capable. Puisez dans son énergie pour opérer les changements nécessaires à la réalisation de vos objectifs et de vos rêves.

Action

Les plans d'eau permanents attirent les libellules. Pour encourager les femelles à pondre dans votre étang, vous pouvez y faire pousser des roseaux, des nénuphars ou d'autres plantes aquatiques : ils offriront à la femelle un endroit où se percher pour la ponte.

Relations avec la nature

Passez du temps près d'un étang proche de chez vous. Y voyez-vous des libellules ? De quelles couleurs sont-elles ? Asseyez-vous et contemplez leurs trajectoires de vol comme leurs comportements fascinants.

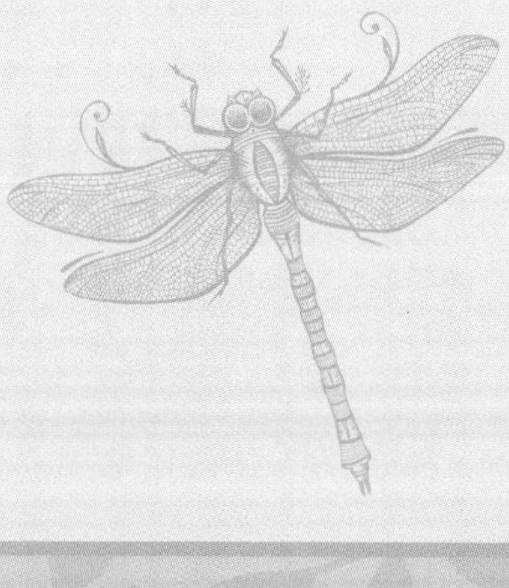

Exploration créatrice

Imaginez le monde du point de vue d'une libellule. Quelles couleurs voyez-vous ? Où voulez-vous aller ? Écrivez ici votre histoire.

ORGANISATIONS INTERNATIONALES

1 Les animaux de la Terre

LE LOUP

Wolf Conservation Center : nywolf.org
Defenders of Wildlife : defenders.org

LE LÉOPARD DES NEIGES

Snow Leopard Trust : snowleopard.org
The Snow Leopard Conservancy : snowleopardconservancy.org

L'OURS NOIR

The Sierra Club : sierraclub.org
Yellowstone to Yukon : y2y.net

L'ORANG-OUTAN

Orangutan Foundation International : orangutan.org
The Orangutan Project : theorangutanproject.org
Borneo Orangutan Survival : orangutans.com.au

LE RHINOCÉROS

Save the Rhino International : savetherhino.org
International Anti-poaching Foundation : iapf.org

L'ARAIGNÉE

Union of Concerned Scientists : ucsusa.org
Bug Life : wildlifetrusts.org

L'ÉCUREUIL ROUX

Trees for Life : treesforlife.org.uk
The Nature Conservancy : nature.org

L'ÉLÉPHANT

African Wildlife Foundation : www.awf.org
Save The Elephants : savetheelephants.org

LE RENARD ROUX

Save A Fox : Saveafox.com
National Wildlife Federation : www.nwf.org

LE SERPENT

Flora and Fauna International : fauna-flora.org
Advocates for Snake Preservation : snakes.ngo

2 Les animaux de l'Eau

LE CHEVAL

American Wild Horse Campaign :
americanwildhorsecampaign.org
Return To Freedom :
returntofreedom.org

LE KOALA

Australian Koala Foundation :
savethekoala.com
Wildlife Warriors :
wildlifewarriors.org.au

LE PANDA

Pandas International :
pandasinternational.org
Wildlife SOS : wildlifesos.org

LE TIGRE

Panthera Save The Tiger Initiative :
panthera.org/initiative/save-tiger-fund
World Animal Protection :
worldanimalprotection.ca

LE GRAND REQUIN BLANC

Project Aware : projectaware.org
Shark Trust : sharktrust.org

LE PHOQUE

The Ocean Conservancy :
oceanconservancy.org
Pacific Marine Mammal Center :
pacificmmc.org

LA PIEUVRE

Only One : only.one
Greenpeace : greenpeace.org

LE CRABE

Chesapeake Bay Foundation :
www.cbf.org
Acadia Center : acadiacenter.org

L'ORNITHORYNQUE

World Wildlife Fund Australia :
wwf.org.au
Global Wildlife Conservation :
globalwildlife.org

Les animaux de l'Eau (suite)

L'IGUANE MARIN
Galapagos Conservancy : galapagos.org
Oceana : oceana.org

LE DAUPHIN
National Marine Mammal Foundation : nmmf.org
Oceanic Preservation Society : opsociety.org

L'HIPPOCAMPE
Project Seahorse : projectseahorse.org
Coral Reef Alliance : coral.org

LA BALEINE À BOSSE
Sea Legacy : sealegacy.org
Sea Shepherd : seashepherd.org

LA RAINETTE
The Rainforest Alliance : rainforest-alliance.org
Wildlife Conservation Network : wildnet.org

LA LOUTRE DE MER
Sea Otter Foundation : seaotterfoundationtrust.org
Friends of Sea Otters : seaotters.org

LA TORTUE
Turtle Conservancy : www.conserveturtles.org
See Turtles : seeturtles.org

3 Les animaux de l'Air

LE PAPILLON
Save Our Monarchs : saveourmonarchs.org
Xerces Society : www.xerces.org

LA CHOUETTE (OU LE HIBOU)
National Audubon Society : www.audubon.org
Urban Bird Foundation : urbanbird.org

L'AIGLE
Earth Justice : earthjustice.org
World Bird Sanctuary : worldbirdsanctuary.org

LE COLIBRI
American Bird Conservancy : abcbirds.org
Pollinator Partnership : pollinator.org

LA LUCIOLE
Center For Biological Diversity : www.biologicaldiversity.org
Firefly Conservation and Research : firefly.org

LE BOURDON
Bumblebee Conservation Trust : bumblebeeconservation.org
The Bee Conservancy : thebeeconservancy.org

LE CORBEAU
Natural Resources Defense Council : nrdc.org
Bird Note : birdnote.org

L'ALBATROS
The Oceanic Society : oceanicsociety.org
All About Birds : www.allaboutbirds.org

LA CHAUVE-SOURIS
Bat Conservation International : batcon.org
Bats Queensland : batsqld.org.au

LA LIBELLULE
The Wilderness Society : wilderness.org
Integral Ecology Research Center : iercecology.org

Glossaire

Voici les définitions de quelques mots et expressions utilisés dans ce livre. Je vous encourage à rechercher par ailleurs celles qui n'y figureraient pas.

Arachnides
Classe d'animaux comprenant les araignées, les scorpions, les acariens et les tiques.

Baleine à fanons
Baleine pourvue de fanons. Issus de sa mâchoire supérieure, ils lui permettent de filtrer de grandes quantités d'eau de mer pour se nourrir des petits crustacés qu'elles contiennent.

Biodiversité
Diversité des espèces présentes sur terre (plantes, animaux, champignons, micro-organismes), des groupes qu'elles forment et de leurs habitats.

Chrysalide
Enveloppe rigide dans laquelle s'emmaillotent les papillons avant de devenir adultes et d'avoir des ailes.

Cosmologie
Explication philosophique, religieuse ou mythique de la nature et de l'organisation de l'Univers.

Écologie
Relations qu'entretiennent les créatures vivantes entre elles et avec leur environnement.

Espèce clé
Espèce dont la présence et le rôle dans un écosystème ont un impact majeur sur les autres organismes du système.

Estuaire
Étendue d'eau partiellement fermée, reliée à la haute mer et dans laquelle se jette un fleuve.

Exosquelette
Enveloppe extérieure rigide du corps de certains animaux invertébrés, qui leur offre maintien et protection.

Insectivore
Plante ou animal qui se nourrit principalement d'insectes.

Invertébré
Animal ou insecte qui n'a pas de colonne vertébrale.

Mangrove
Arbustes ou petits arbres qui croissent dans les eaux salées ou saumâtres du littoral.

Métamorphose
Processus de transformation depuis une forme immature jusqu'à la forme adulte, en deux ou plusieurs étapes.

Microalgues
Espèces unicellulaires présentes dans les écosystèmes marins et d'eau douce. Elles vivent dans l'eau comme dans les sédiments, individuellement ou en groupes, et sont capables de réaliser la photosynthèse.

Naïade
Forme immature de certains insectes, qui n'évolue que peu lors de la croissance.

Sagacité
Fait d'avoir une certaine sagesse ou un jugement clair et perspicace.

Sensibilité à l'écologie
Conscience environnementale et défense du milieu naturel par des actions de préservation et de régénération destinées à augmenter la résilience des écosystèmes et le bien-être de toutes les créatures vivantes.

Superprédateur
Animal situé au sommet de la chaîne alimentaire, qui n'est la proie d'aucun prédateur.

Syngnathidés
Famille de poissons, la seule du règne animal dans laquelle les mâles, et non les femelles, portent les petits.

Système limbique
Partie du cerveau liée aux comportements et aux émotions, sollicitée notamment lorsqu'il s'agit de la survie (alimentation, reproduction et attention portée aux petits, réflexes de lutte ou de fuite).

Ultraviolets
Partie du spectre de la lumière située au-delà des fréquences, des longueurs d'onde et des énergies perceptibles par l'espèce humaine. Beaucoup d'animaux (certains insectes, reptiles, crocodiles, salamandres et petits oiseaux) sont capables de voir le reflet de cette lumière sur les objets.

Zéro déchet
Production, consommation, recyclage ou récupération responsables permettant de prévenir les effets néfastes de nos comportements sur la terre, l'eau, l'air, la santé animale et végétale.

INDEX

Dédicace

Aux créatures sauvages de la Terre,
de l'Eau et de l'Air : que les humains
puissent revenir à la raison et se
rappeler que nous sommes tous liés.

À Ebony, Toby, Kobe et Daphné :
je n'aurais pu espérer meilleurs
maîtres et amis canins que vous.

À Atka, enfin, loup arctique
bien-aimé : que ta vie et ton œuvre
puissent par ricochet dissoudre les
malentendus et libérer ton espèce.